Stanley Keleman
Formen der Liebe
Das Gestalten von Beziehung
aus somatischer Sicht

Über den Autor:
Stanley Keleman, Direktor des Center for Energetic Studies in Berkeley, praktiziert und entwickelt seit über 35 Jahren somatische Therapie und ist Pionier in seinen Studien über das Leben des Körpers und seine Verbindung zu den sexuellen, emotionalen und imaginativen Aspekten menschlicher Erfahrung. Durch seine Veröffentlichungen und durch seine Praxis hat Keleman eine Methodologie und ein Konzept für das Leben des Körpers geschaffen. Diese haben ihren Niederschlag in seinen Büchern gefunden, u.a. in *Verkörperte Gefühle. München: Kösel 1992* und *Forme Dein Selbst. München: Kösel 1994*.

Stanley Keleman

Formen der Liebe

Das Gestalten von Beziehung

aus somatischer Sicht

Übersetzung aus dem Amerikanischen:
Dieter Metzing, Carola Butscheid, Dr. Iréne Kummer

Die Originalausgabe erschien unter dem Titel
"Love: A Somatic View" bei Center Press, Berkeley, CA
Copyright © 1994 by Stanley Keleman

Bibliographische Information Der Deutschen Bibliothek:
Die Deutsche Bibliothek verzeichnet diese Publikation in der Nationalbibliografie; detaillierte bibliografische Daten sind im Internet über http:// dnb.ddb.de abrufbar.

Deutsche Erstausgabe 2002
© 2002 by Ulrich Leutner Verlag, Berlin
Ulrich Leutner Verlag, Zehntwerderweg 197, 13469 Berlin
www.leutner-verlag.de

Alle Rechte vorbehalten. Wiedergabe in jeglicher Form - auch auszugsweise - nur mit schriftlicher Genehmigung des Verlages.

Satz und Layout: Ulrich Leutner Verlag
Cover: Ulrich Leutner Verlag. Die Abbildungen auf dem Cover sind uns freundlicherweise von der Aachener Künstlerin Ingeborg Dreher zur Verfügung gestellt worden.
Druck: AZ Druck und Datentechnik GmbH, Kempten/Allgäu

ISBN 978-3-934391-10-9

Inhalt

Einleitung 7

Der Ursprung von Liebe 11

Die Stadien der Liebe 15
*Fürsorge und Begleitung 19 - Fürsorge 20 - Anteilnahme 23 -
Austausch 25 - Kooperation 27 - Somatische Aspekte in den
verschiedenen Stadien der Liebe 29 - Therapeutische
Folgerungen aus den vier Stadien der Liebe 30*

Liebe und Konstitutionstypen 32
*Mesomorphe 36 - Ektomorphe 38 - Endomorphe 41 -
Konstitutionstypus und emotionaler Ausdruck 42*

Verformungen 48
*Die kollabierte Struktur 49 - Die aufgeschwollene Struktur 55 -
Die verdichtete Struktur 63 - Die rigide Struktur 71 -
Eine klinische Sicht der somatischen Charaktertypen 75*

Fallgeschichten 81
*Anmerkungen zur Arbeitsmethode 83 - Lars 86 -
Hannah 91 - Rebecca 96 - Max 99*

Geben und Empfangen:
Die immer währende somatische Liebesgeschichte 112

Nachwort:
Iréne Kummer und Carola Butscheid zu
Methodik, Konzept und Begriffen Stanley Kelemans 116

Einleitung

Dieses Buch nahm seinen Anfang mit einer Reihe von Vorträgen für praktizierende PsychologenInnen über das Thema: Verformung der Liebe aus somatischer Sicht. Von meiner somatischen Perspektive aus entstehen menschliche emotionale und psychologische Beschwerden auf einer somatisch-emotionalen Grundlage, die grundsätzlich durch die genetische Struktur bedingt und in ihrem Ursprung nicht rein sozial oder familiär ist.

Wir sind dazu gebracht worden zu glauben, dass unsere Probleme in der Vergangenheit liegen, in unserer Kindheit oder in sozialen Machtverhältnissen. Es gibt Leute, die darauf fixiert sind, ihren früheren Beziehungen und anderen Ursachen die Schuld für ihre Probleme zu geben. Wenn sie versuchen, ihre emotionalen Probleme durch Einsicht, Katharsis oder andere Methoden zu beheben, dann mögen sie sich selbst zwar psychologisch besser kennen, sind jedoch unfähig, ihr emotionales Verhalten neu zu gestalten. Psychologische Ansätze allein können nicht zum Verständnis des organischen Prozesses von Selbstidentität und Selbstorganisation führen.

Manchmal vergessen wir, dass diejenigen, die psychologische Hilfe für ihre Krise suchen, Erwachsene mit erwachsenen Problemen sind, die erwachsene Lösungen erfordern. Diese Lösungen sind je nach persönlicher Struktur und gegebenen Funktionsmöglichkeiten unterschiedlich. Wir sind als Erwachsene gezeugt, und es ist der uns eingeborene Erwachsene, der versucht, seine Wirklichkeit zu gestalten - schon bei der Empfängnis wie auch im mittleren Alter und im Tod. Nach Charles Darwin durchläuft jeder Mensch als Embryo Stadien voll ausgewachsener Strukturen, die eine erwachsene Form von Lebewesen auf einer niedrigeren evolutionären Stufe darstellen - das heißt: Der Vorfahre ist immer ein Erwachsener. Darwin sagt auch, dass ein Organismus ständig die Form verändert, um Herausforderungen begegnen zu können. Dies alles bedeutet, dass der Lebensprozess auf eine erwachsene Realität ausgerichtet ist.

Unsere Antwort auf Situationen, denen wir begegnen, formt unsere persönliche erwachsene Gestalt. Strukturiert sind wir in dem Maß und in der Weise, wie wir uns selbst gebrauchen oder wie wir gebraucht worden sind. Einige Seiten von uns - z.B. die kognitive Realität - mögen stärker geformt sein als andere.

Die Formative Psychologie, basierend auf einer evolutionären Perspektive, geht davon aus, dass wir als Menschen ein fortwährender lebendiger Prozess sind und kontinuierlich und in persönlicher Weise ein somatisches Selbst herausbilden. Dieser formative Ansatz macht es möglich, unsere Probleme von der Grundlage eines immer vorhandenen Reaktionsmusters her anzuschauen und zu verstehen. Wenn wir erfahren, auf welche Art und Weise wir unser Verhalten organisieren - wie wir üben, präsent zu sein, anderen zu gefallen, zusammen zu arbeiten, zu lieben - werden unsere Probleme in der Liebe an Klarheit gewinnen.

Identität und Befriedigung entstehen auf der Grundlage unseres ererbten Musters, das in Selbstorganisation besteht. In dem Maße, in dem wir mit unseren somatisch-emotionalen Reaktionen vertraut werden, lernen wir etwas über den Stil unseres In-der-Welt-Seins, das heißt, wie wir zum Beispiel Geben und Empfangen organisieren. Unsere Art und Weise zu existieren ist nicht gänzlich vorherbestimmt; es ist eher so, dass es einen elementaren organisierenden Prozess, einen angeborenen Stil, uns selbst zu gebrauchen, gibt. Dieser Prozess spielt eine sehr große Rolle in den Schwierigkeiten und Erfolgen unseres Lebens.

Wir haben eine angeborene erregbare zelluläre Beweglichkeit, eine somatisch-emotionale Reaktion auf Stimuli. Ebenso haben wir die Fähigkeit, aus Reaktionen angemessenes persönliches Verhalten zu formen. Durch diesen organisierenden Prozess körpern wir Erfahrungen ein und handhaben sie in spezifischer Weise.

Intimität basiert darauf, innere Erregung mit sich selbst und anderen zu teilen. Von diesem inneren Puls der Erregung aus bildet das Gehirn vielschichtige Bindungen, ein Vorhaben, das Dauer und langfristiges Handeln erfordert. Dieser Puls der Erregung ist die Gestaltungsgrundlage einer subjektiven und persönlichen Liebe. Der Prozess, unseren inneren Erfahrungen Körper zu geben, organisiert Kontinuität und verleiht ihnen emotionale Bedeutung für uns und andere. Es handelt sich um ein Grundmuster, das etwas zu tun hat mit der Fähigkeit zu geben und zu empfangen.

Liebe wird auf verschiedenen Ebenen erfahren. Auf der Instinktebene erfahren wir sie als ein flüssiges Verschmelzen von zellulärem "Leim", als einen hormonalen Wirbel, der eine Gewebebindung erzeugt und damit ein gemeinsames Schwingen mit einem anderen Menschen. Wir wissen es physisch, Körper zu Körper und erleben es als eine Zugehörigkeit, als ein Schicksal, als ein konstitutionelles Zusammenpassen. Wenn wir Glück haben, können wir in den verschiedenen Welten des Instinkthaften und des Gegebenen, des Unbedingten und des Bedingten, des Sozialen und des Persönlichen lieben. Wir haben die Möglichkeit, zwischen diesen Welten hin- und herzugehen.

Liebe schließt Leidenschaft, Vitalität des Verlangens und Verhaltensmuster von Intimität ein. Erwachsene vertiefen Erregung, Verlangen und Gefühle, indem sie aus ihnen Intimität und Beziehung formen. Aufwallendes Verlangen und Bezogen-Sein auf andere sind tief in unserem zellulären Leben verwurzelt und sehnen sich danach, unsere persönlichen Liebeserfahrungen zu vertiefen.

Liebe bezieht sich in diesem Buch auf drei Aspekte unserer somatischen Realität:

1. Konstitutionstypen: Genetische Muster verbinden sich in einer unbegrenzten Vielfalt und schaffen eine Grundlage für das Temperament. Es gibt eine ererbte Disposition, die zu der Art und Weise beiträgt, wie wir mit anderen Menschen Beziehungen eingehen.

2. Stadien von Liebe: Ererbte Muster formen während der vier Phasen der Liebe ein persönliches Selbst, nämlich Fürsorge, Anteilnahme, Austausch, Kooperation.

3. Liebesmuster: Wir haben alle ein ganz spezifisches Grundmuster der Liebe, eine primäre Quelle, auf die wir uns beziehen. Dieses Grundmuster ist verankert darin, wie wir in unserer Geschichte Zuneigung erfahren haben.

Unser somatischer Stil ist immer in Aktion. Gesellschaftliche und familiäre Werte regen uns an oder behindern uns. Sie können unsere somatischen Muster maskieren, aber sie können nicht unsere grundlegenden konstitutionellen Muster auslöschen, die unsere besondere Art zu lieben fördern oder hindern.

Wir alle wachsen heran und leben in einer erwachsenen Wirklichkeit, die entweder feindlich oder wohlgesinnt ist. Liebe ist ein Prozess, der verbunden ist mit dem Drang zu leben. Dieser Drang zu leben fördert emotionale Bindungen. In unseren Familien lernen wir, was Liebe ist - oder wir lernen es nicht. Aus einem Gefüge von Handlungen heraus - Fürsorge und Anteilnahme, Austausch und Kameradschaft - werden instinkthafte Antworten in persönliches Gefühl umgeformt. Unsere Liebesmuster sind das Ergebnis der verschiedenen somatischen Typen von Liebe sowie der Missverständnisse bezüglich unseres somatischen Erbes. Dieses Buch handelt von der Beziehung zwischen unseren missverstandenen somatisch-emotionalen Mustern und den Stadien der Liebe.

Der Ursprung von Liebe

Liebe ist eine verkörperte Wahrheit, eine somatische Wirklichkeit.

Liebe wird meistens in idealistischer und philosophischer Weise beschrieben statt erfahrungsbezogen. Viele Leute halten sie für einen zu erreichenden Zustand, für eine handlungsbestimmende Idee oder für eine Reihe von Vorstellungen, über die man sich selbst und andere beurteilt. Die somatische Perspektive stellt Liebe mit dem Prozess des lebenden verkörperten Selbstes gleich.

Wenn eingeborene Muster der Zuneigung missbraucht werden, verändert sich die Fähigkeit des Erwachsenen, befriedigende Beziehungen zu formen. In diesem Buch beschreibe ich vier Stadien von Zuneigung, die zu Liebe werden und ebenso deren Verformungen. Diese Verformungen stehen auch in einem klinischen Kontext und legen eine Reihe von therapeutischen Interventionen nahe.

Was Liebe ist, lernen wir in der Familie, in den Interaktionen zwischen den Kindern und den Erwachsenen, die sie aufziehen. Eine Verformung von Liebe hat damit zu tun, wie Kinder berührt und gehalten werden, wie auf ihre Bedürfnisse eingegangen wird, wie und was ihnen gegeben wird. Sie hat zu tun mit den Ausdrucksformen von Liebe zwischen ihren Eltern, die die Kinder erlebten oder versäumten, sie zu erleben. Diese Akte des Gebens und Empfangens beeinflussen die somatische Struktur und den Erwachsenen, der in Erscheinung treten will. Verformungen in jeder der vier Stadien beeinflussen unsere somatische Form und die Art und Weise, wie wir versuchen, als Erwachsene Liebe zu geben und zu empfangen. Unser konstitutioneller Archetyp - der Leib, der uns bei der Geburt gegeben wird - ist mit diesen Stadien verbunden. Unser konstitutioneller Typus prädisponiert die Art, wie wir Liebe zum Ausdruck bringen.

Menschen haben wenig Verständnis dafür, was Liebe auf somatischer Ebene bedeutet. Was sie haben, ist eine Familiengeschichte der Liebe - das heißt, wie sie von ihrer Familie geliebt worden sind - und dazu Abstraktionen, gewonnen aus Zeitungen, Romanen, Fernsehen und Filmen, Bilder darüber, wie andere Leute lieben oder wie sie Liebe erfahren sollten. Diese Sicht der Liebe entsteht außerdem aus sozialpsychologischen Modellvorstellungen und aus politischen Theorien. All dies liegt jedoch außerhalb unserer unmittelbaren Erfahrung davon, wie wir mit uns selbst somatisch umgehen.

Wenn wir Liebe als einen Entwicklungsprozess betrachten, dann lernen wir offenbar als Kinder zu lieben: Wie wir geliebt worden sind und wie uns beigebracht wurde zu lieben ist identisch damit, wie wir jetzt lieben. Dieses Modell ist jedoch kausal und reduktiv. Ein Therapeut, der mit dieser Annahme arbeitet, untersucht die Kindheit des Patienten und seine Familiengeschichte, um herauszufinden, wo die Verformungen von Liebe ihren Anfang nahmen. "Meine Mutter liebte mich auf diese Weise. Das was ich brauchte, hat sie nicht getan." Dieses Modell enthält einen eingebauten Mechanismus, und zwar derart, dass jemand anderes - Mutter oder Vater - der Grund für die jetzige Form ist - zum Beispiel für die Unfähigkeit des Patienten zu lieben. Darin liegt eine Gefahr. "Ich bin so, wie ich bin als Folge einer bestimmten Ereigniskette." So entsteht der Anschein, dass der Patient jetzt besser lieben könnte, wenn er nur früher besser geliebt worden wäre. Die Patienten waren jedoch als Kinder mehr als nur passive Akteure; sie gaben selbst einzigartige Antworten auf die Situationen, in denen sie sich befanden. Es sind diese Antworten, die ihr Schicksal sind. Ein Aspekt klinischer Arbeit besteht darin, Patienten zu unterstützen, diese ihre Antworten zu erkennen und sie zu reorganisieren.

Die zentrale Liebesgeschichte in Familien ereignet sich zwischen Erwachsenen; die Kinder sind *ein* Teil davon. Papi liebt Mami, Mami liebt Papi, beide lieben ihr Kind und ihr Kind liebt sie. Dieser von ihnen erfahrenen Liebe oder ihrer Verneinung versuchen Kinder als Erwachsene nachzueifern: "Ich möchte eine Frau so lieben, wie mein Vater meine Mutter liebte", oder: "Auf keinen Fall möchte ich wie mein Vater sein." Oft geht es schief, wenn Erwachsene danach trachten, so geliebt zu werden, wie sie als Kinder geliebt wurden. Die zentrale therapeutische Frage ist nicht, wie Menschen in ihrer Geschichte geliebt wurden, sondern welche Probleme sich ergeben, wenn sie in der aktuellen Situation lieben.

Unsere verschiedenen Stile zu lieben sind mit unserem jeweiligen Körpertypus verbunden, das heißt mit der angeborenen Art und Weise zu handeln. Es gibt drei Hauptkörpertypen: endomorphe, mesomorphe, ektomorphe. Mesomorphe zum Beispiel, die eine starke Muskulatur haben, setzen Handlungen ein, um ihre Liebe zu zeigen. Endomorphe, als "Eingeweidetypen", versuchen, andere in sich hineinzunehmen, sie einzuverleiben und sie zu einem Teil von sich selbst zu machen. (Mehr zu diesem Thema findet sich im Kapitel "Liebe und Konstitutionstypen.") Das konstitutionsbezogene Modell beschreibt die Art und Weise, wie Erwachsene an Erwachsenen Anteil nehmen und stellt eine Beziehungsgestalt dar, die nicht lediglich abhängig ist von dem, was sich zwischen Mutter und Vater ereignet hat; sie ist etwas genetisch Gegebenes.

Jemand, der als Erwachsener zu einem Therapeuten kommt, möchte als ein Erwachsener lieben. Doch dies hängt davon ab, wie er sich gebraucht und was seiner Meinung nach Liebe ist. Unsere somatische Gestalt beeinflusst die Art und Weise, wie wir versuchen, Liebe als Erwachsene zu geben und zu empfangen. Unser Konstitutionstypus, der Leib, der uns bei der Geburt gegeben wurde, prädisponiert uns dafür, Liebe auf eine spezifische Art und Weise auszudrücken. Klienten möchten als Erwachsene weder so lieben, dass sie versuchen, Mängel der Kindheit wettzumachen, noch möchten sie ihre erwachsene Art zu lieben auf einen Entwicklungsfehlschlag in der Kindheit zurückgeführt haben, den jemand anderes verursacht hat.

Liebe, wie sie in diesem Buch beschrieben wird, geht über sexuelle Anziehung, über Bilder oder Vorstellungen hinaus. Liebe ist in unserer Biologie verankert, in unserem Blut. Sie ist ein komplexer Gewebezustand, der die Verbindung bestimmter Körper- und Stoffwechselprozesse einbezieht - Wärme, Prickeln, Pulsieren, verbunden mit einem Gefühl von Sehnsucht. Diese verschiedenen Gewebezustände sind verbunden mit Bedürfnissen und Gefühlen - eingebettet, zugehörig, getrennt, verbunden zu sein. Sie erschaffen im Grunde eine Geschichte.

Diese Gewebeerfahrungen sind nicht abstrakt, sie sind keine entkörperten Gedanken oder Vorstellungen, sondern sie beziehen sich auf die Qualität und Quantität der zellulären Substanz und der Pulsation der Organe, auf die Empfindung oder das Gefühl, das aus unseren Zellen kommt. Verformungen von Liebe haben folglich etwas mit somatisch verkörperten Zuständen zu tun.

Je nachdem, wie wir versucht haben zu lieben oder wie wir geliebt worden sind, werden unsere zellulären Gewebestrukturen, der Zustand unserer Skelettmuskeln und die Empfindungen unserer Organe härter oder weicher, übererregt oder untererregt.

Diese organismischen Handlungsmuster und die damit verknüpften Gefühle und Bilder stellen die Art und Weise dar, wie wir uns in der Beziehung zur Welt und zu uns selbst verhalten. Es ist nicht der Geist, der den Leib kontrolliert, vielmehr spiegelt das somatische Selbst seine Geschichte von Intimität und Nähe mit anderen. Indem wir den eigenen organisierenden und das Organisieren hemmenden Prozess des Leibes einsetzen, können wir Verformungen von Liebe als somatische Muster identifizieren, sie desorganisieren und reorganisieren und eine andere Verkörperung von Liebe in die Welt bringen.

Die Stadien der Liebe

Auf dem Weg erwachsen zu werden gehen Kinder durch bestimmte Phasen, die mit unterschiedlichen Formen von Liebe verbunden sind. Sie müssen das organismische Selbst und die Gefühle, die mit der jeweiligen Phase verbunden sind, organisieren. Die Stadien der Liebe sind: Fürsorge und Anteilnahme erfahren, sich austauschen, kooperativ sein. Auf der einfachsten Stufe muss der Organismus spüren, dass für ihn gesorgt wird. Für das Kind bedeutet dies einfach, nah genug an der Nahrungsquelle zu sein, um die Kontinuität des Wachstumsprozesses zu gewährleisten. Dieses Stadium erfordert nicht notwendigerweise eine tiefe, persönliche Interaktion, vielmehr jemanden, der verfügbar ist und für Essen und Wärme sorgt.

Die nächste Ebene geht tiefer. Eltern nehmen Anteil an ihren Kindern und daran, wie sie sich in die Lebenssituation einer größeren Gemeinschaft einfügen. Im Leben einiger Säugetiere sind die Jungen auf sich selbst gestellt, sobald sie eine gewisse Größe erreichen. Andere Lebewesen müssen bestimmte soziale Rituale vollziehen, ehe sie Unabhängigkeit erreichen. Anteilnahme erzeugt ein Gefühl von Zugehörigkeit, das Gefühl, Teil einer leibhaften Gemeinschaft zu sein.

Diese beiden Aktivitäten - Fürsorge und Anteilnahme erfahren - erschaffen eine Bindung oder Beziehung. Diese wiederum erzeugt Empfindungen, die im Zusammenhang mit einem bestimmten Verhalten stehen. Dies sind sehr wichtige Aktivitäten und Gefühle, und sie formen die körperlichen Zustände dessen, was Liebe genannt wird. Dies heißt: Teil sein von, verbunden sein mit.

Dies bedeutet nicht, ein Anrecht auf etwas zu haben. Kinder verhalten sich nicht so, als hätten sie ein Recht auf ihre Mutter; sie verhalten sich so, als seien sie ein Teil ihrer Mutter. In den späteren Stadien dieses Entfaltungsprozesses der Liebe können Konflikte auftauchen, die diese frühen Gefühle von Zugehörigkeit auf die Probe stellen.

Austausch ist das dritte Stadium. Wenn der Organismus den Schritt vom Verbunden-Sein zum Wunsch nach Austausch macht, entsteht eine andere Art von Beziehung. In früheren Zeiten und in bestimmten Kulturen gehörten Kinder ihren Eltern. Eltern hatten die Macht über Leben und Tod ihrer Nachkommen, bis diese ein bestimmtes Alter erreicht hatten. Dann war ihnen erlaubt zu gehen. Die Beziehung war eine von Knechtschaft oder Eigentum, aber wenn es eine gute Beziehung war, wurde das Kind darauf vorbereitet, ein Individuum für sich zu werden. Das Kind wurde von einem Erwachsenen begleitet und lernte, was Begleitung ist. Diese Aktivität von Trennung und Nähe erzeugt eine andere Art von Gefühlen, nämlich das Gefühl dazuzugehören, begleitet zu sein - unabhängig von der Distanz.

In diesem dritten Stadium wird eine Beziehung zwischen Organismen geformt, die sich gemeinsam und miteinander koordiniert bewegen. Dies ruft Gefühle des Begleitet-Seins hervor. Wenn ein Tier seinem Jungen beibringt zu jagen, dann begleitet das jüngere das ältere beim Verfolgen, beim Töten und beim Fressen. Dadurch lernt das jüngere Mitglied, wie Begleiten geht.

Das vierte Stadium wird das kooperative oder gemeinschaftliche Stadium genannt. Dies bedeutet, sich etwas Größerem als sich selbst zu verpflichten. Beispiele sind: Familien, Arbeitsgruppen, Kriege und wissenschaftliche oder künstlerische Projekte. Diese Aktivitäten lassen Gefühle wachsen, aus denen heraus ein gemeinschaftlicher "Leib", ein "Miteinander-Körpern" geformt wird. Kooperation ist etwas anderes als Begleiten. Sie schließt Begleiten mit ein, formt aber eine andere Einheit. In diesem vierten Stadium hat jeder eine Rolle zu spielen, die es erforderlich macht, dass eine lang dauernde Verpflichtung aufrechterhalten wird.

Diese vier Stadien erzeugen die Aktivität und die Gefühle, die wir Liebe nennen. Sie haben etwas zu tun mit Umsorgen und Nähren, mit Gehalten-Werden, Laufen-Lernen, Aufwachsen und Dinge gezeigt zu bekommen, Teil von etwas Umfassenderem zu sein und nicht allein sein zu müssen. Diese Stadien formen eine Bindung und bringen Gefühle von Zugehörigkeit hervor.

Es gibt eine Beziehung zwischen der Art und Weise, wie wir in unserer Kindheit berührt, gehalten und liebkost wurden und wie wir gegenwärtig von uns selbst Gebrauch machen, wenn wir mit jemand anderem zusammen sind. Diese Aktivitäten erzeugen Gefühle, Bilder oder Vorstellungen; sie sind organisierte Handlungen und Gebärden, die darauf gründen, wie jemand Liebe erfahren und somatisch auf sie geantwortet hat.

Entsprechend dem somatischen Ansatz teilen zwei Menschen eine gemeinsame leibliche Realität. Sie sind verbunden, aber von Anfang an von einander abgegrenzt. Eine andere psychologische Theorie sagt, dass Mutter und Kind im Uterus verschmelzen, dass sie später ko-abhängig sind und dass noch später ihre Verbindung auseinander bricht. Aus dieser Sicht wird Ko-Abhängigkeit zu einer Krankheit, deren Heilung erst dann erfolgt, wenn beide voneinander getrennt sind.

Aus somatischer Sicht investieren von allem Anfang an der Embryo wie auch die Mutter in genau dieselbe Realität - nämlich in den Erwachsenen, der das Kind einmal sein wird. Andere Entwicklungsmodelle besagen, dass das Kind an der Mutter interessiert ist, weil das Überleben des Kindes von ihr abhängt, oder dass die Mutter am Kind interessiert ist, weil es ihren Bemutterungsinstinkt hervorruft. Oder sie besagen, dass die Mutter die Kulturvermittlerin sowie für die frühe Entwicklung des Kindes verantwortlich sei. Diese Modelle sprechen nicht von einer Investition in die Zukunft - einer Zukunft, die dem Kind durch den genetischen

Code versprochen ist - nämlich das Erwachsensein. Die Stadien der Liebe - Fürsorge, Anteilnahme, Austausch und Kooperation - haben als ihr Ziel die Herausbildung eines Erwachsenen. Mutter und Kind formen eine erwachsene Realität, um den Fortbestand des menschlichen Organismus zu sichern.

Der Aufgabenplan der Natur, der auf die Formung eines unabhängigen Selbstes abzielt, kann falsch eingesetzt werden. Ist dies der Fall, dann entstehen Verformungen der Liebe. Hierzu gehört wesentlich, dass die unmittelbaren Bedürfnisse des sich entwikkelnden Kindes so beantwortet werden, dass sein Funktionieren als Erwachsener beeinträchtigt wird. Verformungen der Liebe können auftreten, wenn Eltern an ihren Kindern als Objekten ihrer Zuneigung interessiert sind, wenn sie stellvertretend durch ihre Kinder leben oder sie für ihre eigenen Interessen benutzen.

Der formative Prozess bezieht zwei Individuen ein, die in eine dritte Einheit investieren. Zum Beispiel formen zwei Personen eine Ehe, in welcher das Ganze eine größere Einheit ist als die beiden Personen für sich. Die Teile formen das Ganze, aber das Ganze ist größer als die Teile. Wenn Kinder sich verraten fühlen, ist es nicht ihre Kindheit, die verraten worden ist, es ist ihr Erwachsensein.

Erwachsen zu sein heißt in seiner einfachsten Bedeutung: ein ausgewachsenes, erfahrenes, geformtes somatisches Selbst zu organisieren, das fähig ist, gemeinschaftsorientiert und partnerschaftlich im Gefüge des gesellschaftlichen Organismus zu handeln - lernend, arbeitend und reifend. Reife Erwachsene sind jene, die fähig sind, eine Struktur zu organisieren und aufrechtzuerhalten, welche die Kontinuität der sie umfassenden Struktur garantiert. Dabei sorgen sie für das Leben von Kindern auf ihrem Weg zum Erwachsensein. Erwachsensein formt einen "Lebensleib", der diejenigen einschließt, die der Fürsorge und Betreuung bedürfen - die Jungen, die Kranken, die Alten.

Fürsorge und Begleitung

In den beiden ersten Stadien - Fürsorge und Anteilnahme - benötigt und braucht das Kind jemanden, der für es sorgt. Dies ist die formative Beziehung. Die Eltern sind diejenigen, die für das Kind sorgen, während es heranwächst. In den späteren Stadien - Austausch und Kooperation - braucht das Kind nicht jemanden, der für es sorgt, sondern jemanden, der es begleitet. In der Anfangsphase brauchen Kinder jemanden, der *für* sie da ist, und dies ist die Bedeutung der Stadien Fürsorge und Anteilnahme. *Mit* dem Kind da zu sein ist die Bedeutung der Stadien Austausch und Kooperation.

Wenn junge Erwachsene die Schule abschließen, müssen sie sich entscheiden, ob sie arbeiten, zum Militär oder zur Hochschule gehen wollen. Eltern können diese Wahl nicht für ihre Kinder treffen, obwohl viele es versuchen. Mit 18 Jahren haben junge Leute einen erwachsenen Leib und sind nicht länger Teenager. Eltern können junge Erwachsene durch ihre Entscheidungen hindurch begleiten, sie können aber keine Wahl für sie treffen.

Junge Menschen gehen zur Schule und haben ihre eigene Beziehung zu ihr. Eltern haben auch eine Beziehung zur Schule. Eltern und Kinder tauschen sich darüber aus, wie sie lernen zu lernen. Im ersten Stadium der Fürsorge sind die Eltern für die Kinder die gesamte Welt. Doch in einer späteren Phase tritt die Schule an die Stelle der Eltern.

Fürsorge und Begleitung sind auch ein Teil des Dreiecks Mutter - Kind - Zukunft. Eine Mutter investiert während der frühen Phase der Kindheit eine enorme Menge an Energie: "Mein Anliegen ist das Wohlergehen meines Kindes. Mein Anliegen ist seine Zukunft. Mein Anliegen ist, dass mein Kind ein Erwachsener wird. Mich interessiert insbesondere seine Einzigartigkeit." Das Kind seinerseits ist an der Mutter interessiert, daran, wer sie ist und an ihrem Wohlergehen und insbesondere an ihrer Beziehung zu ihm. Es interessiert sich ebenso für seine zukünftige Beziehung zur Mutter.

Das Kind hat auch ein unausgesprochenes Interesse am Aufwachsen, das heißt an seiner eigenen Zukunft. In den ersten zwei Stadien wird die Energie investiert in die Fragen: "Wer wird für mich sorgen?" und "Was sind meine unmittelbaren Bedürfnisse?" In dem Maße, in dem ein Kind heranwächst, Sprachvermögen erwirbt und die Realität zu beeinflussen lernt, wächst sein Interesse am Zukünftigen und am Erwachsensein. Es entsteht eine Verlagerung des Interesses, von Energie und Erregung auf dieses größere Ziel hin. Die Eltern wandeln sich von Fürsorgern zu Gefährten. Der Schlüssel zu dieser Wandlung liegt in der Menge an Energie, die in diese Lebenssituation investiert wird, und ob diese Energie auf ein unmittelbares oder auf ein langfristiges Anliegen gerichtet ist.

Fürsorge

Jedes Stadium der Liebe bietet unterschiedliche Bedürfnisse und Entwicklungsaufgaben an, auf die die Eltern antworten und die das Kind zu meistern lernen muss. Die Art und Weise, wie die Eltern auf das Kind reagieren und das Kind auf die Eltern antwortet, schafft Formung und Verformung von Liebe. Die Verformungen bewirken Störungen in der somatischen Gestalt des Kindes, in seinem Formungsprozess und schließlich in seinen erwachsenen Handlungsweisen. Jedes Stadium kann einen anderen Typus von Verformung erzeugen. Grundsätzlich ist eine Verformung durch den Gegensatz zwischem dem, was idealerweise in jedem Stadium geschehen sollte und dem, was tatsächlich passiert, bestimmt. Die somatische Gestalt des Kindes wird durch die Art der Verformung beeinflusst.

Fürsorge ist mehr als nur die Befriedigung grundlegender materieller Bedürfnisse nach Nahrung und Obdach. Sie hat etwas zu tun mit verkörperten Gefühlsreaktionen, Wärme, Kontakt, Schutz

- mit all dem, was sich in den ersten zwei bis drei Jahren ereignet. Wenn dies alles vorhanden ist, spüren Kinder, dass ihr Wachstum weitergehen wird, dass sie dazugehören, dass jemand sich um sie kümmert.

Für ein erfolgreiches Wachstum im Stadium der Fürsorge braucht es Eltern mit genügend Selbstgefühl, um den Kindern den Widerstand zu geben, gegen den sie angehen können. Ist zum Beispiel eine Mutter zu wenig abgegrenzt, ist sie an ihren Kindern nicht interessiert oder benutzt sie diese zur Befriedigung ihrer eigenen Bedürfnisse, so kann diese Beziehung bei ihnen zu einer schwachen somatischen Struktur führen. (Für eine Übersicht über die verschiedenen Strukturen vgl. *Emotional Anatomy*, Center Press 1985, bzw. die deutsche Version *Verkörperte Gefühle*, Kösel-Verlag, 1992). In einer solchen Beziehung möchte die Mutter, dass ihre Kinder ihre Vertrauten sind, aber sie möchte selbst nicht eng mit ihnen vertraut sein. Sie möchte vielmehr, dass die Kinder ihr Kraft geben und nicht umgekehrt. Die ungeformte Mutter kann nicht auf die Kinder antworten, aber von den Kindern wird erwartet, dass sie immer auf die Mutter antworten.

Da ihr eigener Leib zu wenig geformt oder zu schwach ist, empfangen die Kinder nicht die Antworten, die ihnen sagen, wer sie in der Welt sind und wie diese beschaffen ist. Ein schwacher oder ein abwesender Elternteil vermag für die Kinder kein Spiegel zu sein - daher erfahren sie von der anderen Seite wenig über die Eigenart ihrer Ansprüche. Bei Kontaktmangel entsteht wenig Selbst-Identität. In anderen Fällen benutzt die Mutter ihre Kinder und deren Lebendigkeit, um ihren eigenen Mangel an Wärme wettzumachen: Sie verschlingt sie. Die Kinder werden nicht introjiziert, sondern sie werden von ihr abhängig gemacht.

Manchmal bringt ein sehr abhängiger Typus von Mutter beim Kind eine schwache Struktur hervor. Ihr eigenes Bedürfnis nach Anerkennung und ihr Anspruch, dass andere für sie handeln, ist wichtiger als ihre Fähigkeit, für andere zu handeln. Sie hat kein starkes leibliches Gefühl von sich selbst und sucht Unterstützung für ihr eigenes Leben.

Es gibt andere Mütter, die besser entwickelt, aber dennoch nicht in der Lage sind, für ein bestimmtes Kind präsent zu sein. Zum Beispiel mag es sein, dass sie mehrere Kinder - eins nach dem anderen - geboren haben oder unter einer postnatalen Depression leiden. Anstatt dem Kind etwas zu geben, verlangen sie von ihm, ihrer eigenen Leere entgegenzuwirken.

Es ist von zentraler Wichtigkeit, dass Kinder mindestens einen Elternteil haben, der an ihnen interessiert ist. Sind die Eltern schwach, projizieren sie ihre eigenen Interessen auf die Kinder: "Ich bin nicht in der Lage, stark, entschlossen, gebend zu sein, aber ich erwarte, dass mein Kind diese Qualitäten bereitstellt", oder: "Da ich niemals irgendetwas in der Welt zustande gebracht habe, wird mein Kind dies tun, und ich werde stolz auf es sein." - "Ich bin ein Niemand, *es* muss Jemand werden." Ein entgegengesetztes Muster wäre: "Ich bin ein Niemand, daher kann ich nicht zulassen, dass *es* jemand wird." Ein anderes Muster ist: "Alles, was ich verpasst habe, wirst du für mich sein."

Diese Aussagen kommen von schwachen Erwachsenen, die selbst danach trachten, bemuttert zu werden und die möchten, dass ihre Kinder an ihnen interessiert sind und sie als etwas Besonderes ansehen. Oder sie möchten, dass ihr Kind ihren Ergeiz in der Welt befriedigt. Oder sie brauchen es, mit ihm verbunden zu bleiben, so dass sie dem Kind niemals erlauben, selbständig zu sein. Ihr Gefühl von Schwäche hält das Kind an sie gebunden.

Ein anderes Beispiel für dieses Problem besteht darin, dass das Verhalten eines rigiden Vaters die Entwicklung eines schwachen Kindes zur Folge haben kann, weil er durch sein beherrschendes Verhalten das Kind überwältigt. Er kritisiert es, oder er verlangt, dass sein Kind keine Ansprüche an ihn stellt. Ebenso kann ein in sich zurückgezogener Vater durch sein Verhalten die Entwicklung eines schwachen Kindes bewirken, und zwar durch seine mangelnde Bereitschaft, Antwort zu geben, oder durch eruptive Reaktionen, die das Kind entmutigen.

Diejenigen, die als Folge solcher Beziehungsmuster eine schwache Struktur entwickeln, haben Schwierigkeiten, wie Erwachsene zu handeln, da sie sich nur kompetent fühlen, wenn jemand ihnen Interesse entgegenbringt. Sie lassen andere in sich hineinfluten. Ihre Aussage lautet: "Ich muss andere dazu bringen, mit mir vertraut zu werden, aber ich kann niemals mit ihnen vertraut sein." Ihr Körpergewebe ist kollabiert, porös, unterentwickelt und wenig koordiniert. Sie versteifen sich, um ein wenig Struktur zu bilden. Rigidität und Steifheit kompensieren ihre Schwäche.

Ein Scheitern auf der Stufe der Fürsorge besteht nicht notwendigerweise darin, dass das materiell Notwendige nicht gegeben worden ist. Es ist eher so, dass als Botschaft vermittelt wurde: "Wir werden nach meinen Bedingungen miteinander umgehen, nicht nach deinen." Kinder müssen sich eher in die Welt der Eltern einfügen, als dass die Eltern sich der Welt der Kinder anpassen. Kinder mögen gepflegt, ihre Windeln gewechselt, mit den materiellen Dingen versorgt werden, aber sie bekommen alles zu den Bedingugenn der Erwachsenen. In der Verformung, die zu einer *schwachen Struktur* führt, ist entweder zu wenig Fürsorge für das Kind vorhanden, ist die Fürsorge zu umfassend oder das Kind wird zum Fürsorger der Eltern. Die Kernfrage lautet, wie ein Kind sich entwickelt, um abhängig, unabhängig oder ko-abhängig zu sein.

Anteilnahme

In dem Maße, wie Kinder älter und das Verlangen nach unmittelbarer Fürsorge geringer wird, verlangt ihr wachsendes Gefühl von Geschicklichkeit neue Antwortmöglichkeiten: "Schau mich an", "Sieh, was ich gemacht habe." Die Eltern konzentrieren sich auf die Einzigartigkeit des Kindes und seine besonderen Qualitäten, indem sie sich für das interessieren, was sich formen und für die Art von Beziehung, die sich entwickeln will.

Wenn Kinder überbehütet sind und als etwas allzu Besonderes behandelt werden, wenn alles für sie getan wird, wenn sie nicht lernen, wie sie selbständig etwas tun können, dann nimmt ihre eigene Leistungsfähigkeit ab. Anstatt dass sie lernen, für sich selbst zu handeln, beginnen sie damit, ihre Eltern als diejenigen anzusehen, die nur dazu da sind, ihre Bedürfnisse zu erfüllen.

Eine der Verformungen im Stadium der Anteilnahme ist das überbehütete oder verwöhnte Kind, dasjenige, das allzu besonders wird. Eine andere Verformung ergibt sich, wenn ein Elternteil nicht will, dass das Kind zu viele Ansprüche stellt. Die Selbständigkeit des Kindes wird aus dem verfrühten Bedürfnis des Elternteils heraus, von den Ansprüchen des Kindes befreit zu werden, forciert. Das Kind kann so in frühe Selbständigkeit hinein gezwungen werden, um dem Bedürfnis des entsprechenden Elternteils zu dienen.

Wenn ein Kind überbehütet ist oder von ihm verlangt wird, dass es zu früh selbständig wird, dann kann die Verformung - *aufgeschwollene Struktur* genannt - die Folge sein. Entzündete Erregbarkeit ist die Konsequenz von zu großer Anteilnahme am Kind - das "Lass-es-mich-für-dich-Tun" Phänomen genannt - oder von zu geringer Anteilnahme: "Du musst alleine damit fertig werden." Das Kind erhält so nicht die Chance, seine Eigenart zu entwikkeln.

Die Invasion elterlicher Erregung kann Kinder dazu bringen, sich als etwas Besonderes zu fühlen. In dieser Situation leben die Eltern durch die Handlungen der Kinder. Diese können vom Interesse eines Erwachsenen - anstelle ihres eigenen - durchdrungen und dadurch überschwemmt werden. Wenn jemand mit aufgeschwollener Struktur andere Menschen hat, die etwas für ihn tun, dann fühlt er sich wichtig und als etwas Besonderes. Aber diese Potenz stammt von der Ausnutzung anderer. Die aufgeschwollene Person hat ein starkes Gefühl dafür, auf etwas Anspruch zu haben, jedoch ohne die Fähigkeit, für sich selbst handeln zu können. Die Eltern lassen ihr Kind nicht erwachsen werden, sondern machen aus ihm eine besondere Version ihrer selbst. Die aufgeschwollene Person fängt deshalb damit an, "Mamas kleiner Junge" oder "Papas kleines Mädchen" zu sein.

Austausch

Austausch, das dritte Stadium der Liebe, umfasst die Bereitschaft, die eigenen inneren Gefühlslagen und Wahrnehmungen zu offenbaren. Dieser Austausch lässt eine Vertrautheit entstehen, die für ein Kind die Voraussetzung dafür schafft, dass es aus seiner subjektiven und inneren Umwelt heraus eine Realität zu formen vermag.

Es gibt eine subjektive wie auch eine objektive Welt. Das Kind erzählt einem Elternteil etwas über seine innere Verfassung und erwartet von ihm eine Antwort. Das Kind sagt: "Ich habe dies gelernt, ich habe das gefühlt, ich habe dies erfahren", und es verlangt eine Antwort. Wenn niemand zuhört oder wenn dem Kind gesagt wird, dass seine Erfahrung nicht real sei, oder wenn man es nur korrigiert und man ihm sagt, was es zu tun hat, dann wird seine innere Erfahrung abgetan und Intimität wird nicht zugelassen. Dies sind Bedingungen, die eine Verformung - *verdichtete Struktur* genannt - entstehen lassen.

Austausch ist eine Art von Intimität, bei der die Eltern für die inneren Erfahrungen des Kindes sensibilisiert werden und das Kind ihre Reaktionen erkennen lassen. Die Antworten der anderen und die dadurch entstehende Intimität wirken als ein Katalysator für die Organisation eines privaten inneren verkörperten Selbstes. Es wird auf eine persönliche Weise empfangen und bekommt eine Reaktion auf seine Person.

Es liegt in der Natur des Dialogs, dass er Austausch und Intimität kreiert. In einigen Familien muss das Kind zuhören und an den subjektiven Erfahrungen der Eltern teilnehmen, aber es erhält wenig Reaktionen, wenn es seine eigenen Gefühle oder inneren Zustände mitteilt. Es wird ihm vermittelt, dass das, was es denkt, fühlt oder erfährt, keinerlei Wichtigkeit besitzt. Der Dialog geht nur in *eine* Richtung. Das Kind hört den Eltern zu, wird von ihnen korrigiert und bekommt gesagt, wie die Dinge sind. Dies ist ein Monolog, kein Dialog. Die Regel lautet: "Du musst dich unterwerfen." Sie hält ein Kind klein und erzeugt einen inneren Feuerball, der zu einer Explosion führen kann, weil die Eigenart des Kindes ignoriert oder entwertet wird.

Dazu ein Beispiel: Ein Kind hat eine Auseinandersetzung oder einen Kampf mit einem Freund gehabt und fühlt sich verletzt und wütend. Es zeigt seinen Eltern diese Gefühle und erwartet von ihnen eine Reaktion. Es möchte nicht ignoriert werden oder gesagt bekommen, dass seine Gefühle unwichtig seien. Wenn die Eltern mit Anteilnahme antworten, erhält das Kind die Möglichkeit zu erkunden, was es gerade empfindet und dadurch die Chance, mit seiner inneren Verfassung umzugehen. Wenn die Eltern dem Kind nicht zuhören, wenn sie es lächerlich machen oder in sein Zimmer schicken, oder wenn sie ihm nur einen Rat geben, fühlt sich das Kind nicht anerkannt, sondern übergangen, und es fängt an, sich zu sagen: "Was soll´s?" So wird ein Gefühl von Niederlage erzeugt. Was auch immer ein Kind tut, es ist nie gut genug.

Ein Kind, das keine Antwort bekommt, beginnt sich zurückzuhalten und teilt sich nicht mehr mit. Das Kind zieht sich solange zurück, bis seine Erregung explosiv wird. Es erwartet Zurückweisung oder Erniedrigung.

Kooperation

Im Stadium der Kooperation möchte das Kind Teil der Familie sein, möchte teilhaben an einer Einheit, die größer ist als es selbst und zu dieser einen Beitrag leisten. Kinder sind von Natur aus kooperativ, weil ihr Leben auf dem Spiel steht. Sie versuchen, sich anderen anzupassen, zuerst ihren Eltern und dann ihren Gleichaltrigen. Selbst wenn sie rebellieren, um ihren eigenen Weg zu finden, bleibt ein Substrat von Kooperation.

Kooperation bedeutet, gemeinsam Dinge zu tun, die im Zusammenhang mit etwas stehen, das die Handelnden übersteigt. Im Kooperationsstadium ist das Kind bereit, ein lang andauerndes Verhaltensmuster zu unterhalten, anders als in den bisherigen Stadien, in denen die Verhaltensmuster von kürzerer Dauer sind.

Das Kooperationsstadium ist familienbezogen und nicht dyadenbezogen, wie das zwischen Mutter und Kind. Das heißt, es gibt eine Gemeinschaft. Zu ihr gehört die Interaktion innerhalb der Familie. Auch wenn ein Familienmitglied mit dem Kind in einer Dyade kommuniziert, besteht immer gleichzeitig ein Bezug zur Position des Kindes im größeren Gemeinschaftskontext. Desgleichen ist der Kontext der größeren Gemeinschaft in seinen Wechselwirkungen - Kind - Gemeinschaft, Gemeinschaft - Kind - immer präsent.

Eine Verformung in diesem Stadium lässt eine Familie entstehen, die regelfixiert ist, die versucht, Kooperation durch eine Reihe von Regeln durchzusetzen, die für alle gelten, und die durch die "richtige Art, Dinge zu tun" funktioniert. Die eigenen weichen Gefühle des Kindes werden abgespalten, fragmentiert und sind unerwünscht. Eine nicht-kooperative und rigide Familie erlaubt dem Kind nicht, an der Gestaltung der Familie teilzuhaben. Statt dessen wird Kindern gesagt, was sie zu geben haben und was sie dafür zurückbekommen. In der rigiden Familie sind die Regeln schwarz-weiß. Kooperation wird auf das Einhalten von Regeln reduziert. Die Logik der rigiden Familie lautet: "Wir sind alle vereinzelt, wir sind verbunden durch Isoliertheit und Leistung - tu es alleine." In einer ridigen Familie kann das Kind Gedankenfreiheit haben, muss sich aber an eine Reihe rigider Regeln halten. Die Erfahrung des Kindes wird in Kategorien gepackt. Kooperation wird zu Gehorsam und zu stereotypem Handeln. Dem Kind wird gesagt, sein Verhalten sei gut für das "Gemeinwohl", doch seine natürliche Kooperationsbereitschaft wird untergraben, und letztendlich wird es sich betrogen fühlen.

Wenn ein Kind für das Einhalten von Regeln belohnt wird, nimmt seine Großzügigkeit ab. Das Gefühl des Kindes für Geben wird von einem Verrechnungssystem überlagert: "Dies muss ich geben, das darf ich nehmen." - "Du darfst dies hier nehmen, wenn du das dort bezahlst." Der junge Mensch wird nicht wie ein sich entwickelnder Erwachsener behandelt, sondern wie jemand, der automatisch auf den zweiten Platz verwiesen ist. "Erwachsene wissen es am besten" - das ist die Regel. Der Prozess der Entscheidungsfindung des jungen Menschen bekommt nie eine Chance, sich zu formen.

Wenn Leistung immer gemessen, belohnt oder bestraft wird, entsteht daraus ein innerorganismischer Konflikt. Das Leibmuster von Geben, Empfangen und Weicher-Werden kommt in Konflikt mit einem Leibmuster von Grabschen und Anklammern. Der Wunsch, jemanden zu erreichen und sich mit ihm auszutauschen, kommt in Konflikt mit demjenigen, sich nicht mit jemandem vertraut zu machen, sich zurückzuziehen. Unterschiedliche Handlungsmuster, die eine emotional-muskuläre Grundlage haben, stehen gegeneinander. Es entsteht eine Verwirrung zwischen Vernunft und Gefühl, und ein Kind wird gespalten oder in zwei verschiedene Richtungen gezerrt.

Eine kooperative Familie ist ein lebendiger Organismus und keine strenge Institution, die aus unveränderbaren und starren Dogmen und Regeln besteht. In einer rigiden Familie hat Liebe nichts mit Gefühl zu tun. Liebe bedeutet, zuverlässig zu sein, nicht liebevoll. Das Kind verdient sich Liebe, indem es regelkonform lebt, statt einfach nur formativ zu sein. Rigide Regeln verändern das Kooperationsstadium, weil sie die Fähigkeit verformen, Grenzen zu organisieren. Es gibt keine freie Form, sondern nur Regeln, wie Kontakt und Distanz herzustellen sind. Ein Kind, das dadurch gedemütigt wurde, dass es Leistungen erbringen musste, zieht sich in sich selbst zurück, um dem ungeformten Teil in sich ein Gefäß zu geben und wird so zu einer *verdichteten Struktur*. Ein Kind, dass die Erlaubnis zum Handeln hat - allerdings nur innerhalb einer festen Reihe von Regeln - entwickelt eine *rigide Struktur*. Es kooperiert unter vollem Einsatz, um etwas in der richtigen Art und Weise zu tun und um damit zu beweisen, dass es Wert hat.

Die rigide Familie kann mehrere Antwortmuster erzeugen: Das Kind kann ohne Individualität in der Familie stecken bleiben, es kann ganz mit der Familie brechen, oder es kann sich von den übrigen Familienmitgliedern distanzieren.

Somatische Aspekte in den verschiedenen Stadien der Liebe

Wie gebrauchen wir uns körperlich in jeder dieser vier Stadien? Im Stadium der Fürsorge ist das Kind ungeformt, und die Eltern sollten entsprechend genügend geformt sein. Das Kind ist vom erwachsenen Elternteil abhängig bezüglich Nahrung, Wärme und Kontakt. Die Leibmuster sind die zwischen Hilflosem und Helfer.

In den Stadien der Fürsorge und Anteilnahme leihen die Eltern dem Kind ihren Leib. Aber in dem Maße, in dem das Kind seine eigenen Bewegungen und Gebärden beherrscht, braucht es diese Hilfe immer weniger. Im Stadium von Austausch bringt das Kind seine eigenen Handlungen, Gefühle und Erfahrungen als somatische Muster ein und erwartet eine empfangende Reaktion. Im kooperativen Stadium sind die Eltern vor allem damit beschäftigt, das zukünftige Erwachsensein des Kindes zu fördern und zu formen. In diesem Stadium vermittelt jede Person der anderen etwas über eine Einheit, die sie selbst übersteigt. Sie vermitteln einander ebenfalls etwas darüber, wie sie gelernt haben, ihren Leib zu gebrauchen.

Verformungen der Liebe sind in der Tat Verformungen dessen, wie das somatische Selbst wächst, von sich selbst Gebrauch macht und seinem grundlegenden Schicksal in der Welt Gestalt gibt. Einige Familien ziehen das Kind nur auf, damit es Teil eines Wirtschaftssystems sei. Andere Familien wollen das Kind als Gesellschaft gebrauchen, als Ausgleich für ihre sozialen Beschränkungen oder um ihre ehrgeizigen Ziele zu verwirklichen. Das Kind wird den Bedürfnissen der Eltern entsprechend ausgenutzt.

Verformungen der Liebe betreffen alle Liebesbeziehungen und jeden Lebensaspekt, auch wenn wir sie als Beziehung Kind-Erwachsene beschreiben. Die Stufen lassen sich auf alle Bilder, Impulse, Visionen, Einsichten, Kontakte und Liebesbeziehungen anwenden.

Liebe ist ein Prozess, der bis zum Tod weiterwächst und andauert, aber es ist der proportionale Anteil der Stadien untereinander, der sich jeweils ändert. Während alle diese Stadien sich die ganze Zeit über fortsetzen, besteht eine Verformung darin, dass jemand in ein Verhaltensmuster eines früheren Stadiums fällt und so etwas nicht Erhaltenes zu kompensieren versucht.

Therapeutische Folgerungen aus den vier Stadien der Liebe

Dieselben Stadien wie in der Entwicklung des Kindes gibt es im therapeutischen Prozess. In welchem Stadium wird ein/e Therapeut/in bei einem Klienten aktiv? (Wenn im Folgenden der Einfachheit halber das männliche oder weibliche Geschlecht benutzt wird, sind natürlich immer beide Geschlechter angesprochen - d.

Übers.). Sollte eine Therapeutin in einer gegebenen Lebenssituation für den Klienten sorgen, an ihm Anteil nehmen, sich mit ihm austauschen oder mit ihm kooperieren?

Therapie bedeutet, Klienten darin zu unterstützen, sich in Beziehung zu anderen und zu sich selbst zu formen. Zu Beginn einer Therapie ist die Therapeutin für den Klienten da. Miteinander investieren sie sich darein, mehr erwachsenes Verhalten wachsen zu lassen und unangemessene Verhaltensmuster zu verringern. In den Anfangsphasen ist Therapie vergleichbar mit Fürsorge und Anteilnahme. Klienten erlernen das "Handwerkszeug", um erwachsener sein zu können, und die Therapeutin sorgt hierbei für sie. Wenn die Klienten das Handwerkszeug erworben haben, um mit ihren Problemen zu arbeiten, tauschen sie sich mit ihrer Therapeutin über die Situation aus. Doch sind es jetzt die Klienten, die als Erwachsene in diesen Situationen handeln müssen, und es ist die Rolle der Therapeutin, eine Begleiterin für die Klienten zu sein, während sie ihr reifes Erwachsensein formen und ihre Lebensprobleme neu angehen.

Nicht alle Klienten müssen notwendigerweise mit einer Therapeutin durch jedes Stadium gehen. Die Therapeutin ist die Fürsorgerin ihrer Klienten, bis sie über das Werkzeug verfügen, um sich Ordnung und Form geben zu können. Die Therapeutin tauscht sich mit den Klienten über ihre erwachsene Realität aus, aber sie besteht nicht darauf, dass sie diese akzeptieren. Gleichzeitig tauschen sich Klienten mit der Therapeutin über ihre Realität aus, und zusammen gestalten sie beim Klienten eine erwachsene Form, die zunehmend erwachsener wird.

Ein Aspekt der therapeutischen Bemühungen hat damit zu tun, wie man getrennt und zugleich verbunden sein kann. Alle Gefühle in diesem Prozess sind Gefühle von Liebe. Die Art und Weise, wie Therapeutinnen von sich selbst Gebrauch machen, organisiert Gefühle von Fürsorge, Anteilnahme oder Interesse, von Austausch und Kameradschaft in einem gemeinsamen Unternehmen.

Liebe und Konstitutionstypen

Nach William Sheldon, einem Pionier der konstitutionellen Typologie, ist jedem Menschen mehr als *ein* Körper gegeben. Dieser wird mit einer konstitutionellen Disposition geboren, die Sheldon mit der embryonalen Schichtung in Verbindung bringt. Er unterscheidet deren drei: Oberflächenschicht = Haut und Nerven; Eingeweideschicht = die inneren Organe; Mittelschicht = Bindegewebe, Muskeln, Knochen und Herz.

Aus jeder Schicht entstehen bestimmte Organe. Aus dem Endoderm, der Eingeweideschicht, entsteht das Verdauungs- und das Atmungssystem sowie bestimmte hormonale Gruppierungen. Das Bindegewebe, das willentlich gesteuerte Bewegungssystem, steht in Beziehung zur Funktionsweise von Muskeln und Knochen, von Stammhirn und Mittelhirn und entsteht aus der Mittelschicht, dem Mesoderm. Das sensorische System steht in Beziehung zu Zuständen von Wachsamkeit und Aufmerksamkeit und einer besonderen Form von Bewegung, die mit dem peripheren Nervensystem verknüpft werden können. Dieses entsteht aus der Oberflächenschicht, dem Ektoderm.

Sheldon stellt Verbindungen zwischen einer dominierenden Ausprägung dieser Organsysteme und bestimmten Körpertypen und Temperamenten her. Menschen mit langen Gliedern, einem kleinen, kompakten Kopf, einem kurzen Rumpf und einem langen Hals nannte er Ektomorphe. Ihre Eigenschaften sind, reaktiv, erregbar, aufmerksam zu sein. Ihr Kontakt ist sporadisch, hinein- und herausschießend. Das mentale Funktionieren und die Aufnahme über die Sinnesorgane dominieren die Eingeweide-

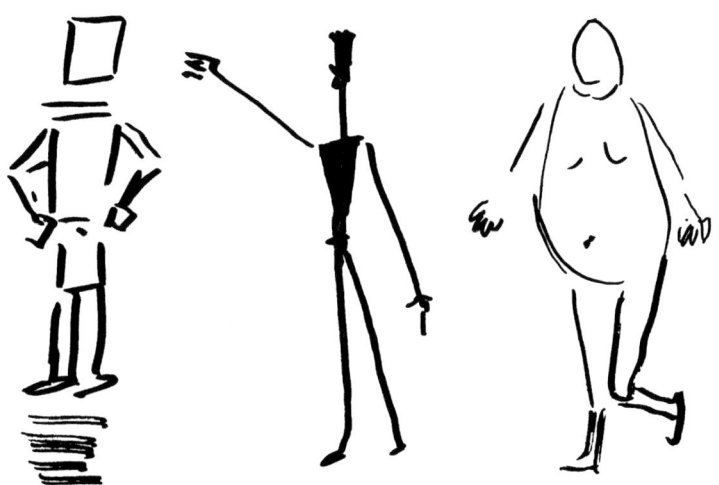

Stilisierung der drei Konstitutionstypen: mesomorph - ektomorph - endomorph

schicht. Die Überlebensstrategie dieses Typs basiert auf seiner großen Empfindungsoberfläche und einer Nervenverteilung, die reicher ist als bei anderen Typen. Ektomorphe haben einen größeren Oberflächenbereich, durch den sie die Welt kennen.

Endomorphe sind mit einem großen Bauch ausgestattet, der für einen großen Umfang der Eingeweide sorgt - im Gegensatz zur Empfindungsoberfläche des Ektomorphen. Endomorphe sind in der Lage, in Zeiten von Dürre oder längeren Kälteperioden effizienter als Ektomorphe zu leben. Sie sind birnenförmig, mit großen Brüsten und einem großen Becken. Sie sind launisch, warme Extravertierte, zu Depression und Manie neigend.

Mesomorphe, vierkantige Menschen mit kurzen Armen und Beinen, haben eine mächtige Orientierung zum Handeln hin. Sie sind von Natur aus aktiv, haben einen breiten Brustkorb, ein großes Herz und große Knochen. Sie sind begeisterungsfähig, optimistisch und kampfeslustige Kriegertypen.

Dies sind drei konstitutionelle Gegebenheiten. Obwohl es keinen reinen Typus gibt, ist jeder Mensch mit einer Disposition zu dem einen oder dem anderen Typus geboren. Jeder von uns hat eine bestimmte somatische Disposition, unabhängig davon, ob wir dies wissen oder nicht. Diese Typen existieren nicht nur als eine mentale Vorstellung, sondern als ein grundlegender Drang, in einer bestimmten Art und Weise in der Welt zu sein. Die meisten von uns erkennen jedoch ihr elementares verkörpertes Selbst nicht.

Auf einer fundamentalen Ebene wird in jedem Menschen ein Dreiecksgespräch geführt: Soll ich spüren und Informationen über die Welt sammeln, soll ich warten, um sie zu verdauen, oder soll ich damit beginnen, sofort zu handeln? Soll ich verschlossen bleiben und mich selbst nicht offenbaren, soll ich nur die Wahrheit aussprechen oder die Mächte konfrontieren? Löse ich ein Problem durch Handeln, durch Aufnehmen oder durch Aussitzen? Verkörperung ist Erkennen konstitutionellen Erbes und dessen, wie es in der Welt unterstützt oder verleugnet wird. Es ist eine Art und Weise, da zu sein, ein Weg der Selbsterkenntnis.

Morphologie ist ein Erbe, das sich nicht ändert: Die Veränderung geschieht dadurch, *wie* es organisiert und geformt wird. Ein Endomorpher kann einen Ektomorphen nicht in dessen Art und Weise nachahmen, nämlich wie er in Situationen hinein- und aus ihnen wieder hinausschießt und dabei den Raum anderer lange genug besetzt, um zu nehmen, was er braucht. Wir können den Konstitutionstypus mit einem Solisten vergleichen, der von einem Chor begleitet wird.

Ein Konstitutionstypus beschreibt, wie ein Mensch präsent ist, wie Erfahrungen und die Reaktionen anderer assimiliert werden, andere Seiten dagegen verborgen bleiben und weniger entwickelt sind. Der entsprechende Typus umfasst ebenfalls die Geheimnisse eines einzelnen Lebens und die Gestalt des inneren Dialogs. Damit nähern wir uns der Frage: "Was bedeutet es, ich selbst zu sein?" Ein Konstitutionstypus vermittelt sehr viel über einen Menschen, darüber, wie er geliebt worden ist, wie er versucht zu lieben, zu geben und zu empfangen.

Eine konstitutionelle Mischung hat etwas mit dem Erzeugen von Erregung und den Organen, die sie hervorbringen zu tun - Eingeweide und Bauch, Herz und Lungen, Haut, Glieder und Sinnesorgane. Erregung kann von den Sinnesorganen her kommen, erzeugt durch die äußere Welt, sie kann durch Freude und Lust an Bewegung entstehen, oder sie kann aus tiefer innerer Wärme aufsteigen und durch Empathie mit anderen entstehen.

Ein Konstitutionstypus bestimmt die Art von Vergnügen, Befriedigung und Kontakt, die zwei Menschen miteinander formen. Ohne Zweifel liebt es ein Endomorpher, die Vitalität und die Festigkeit eines Mesomorphen zu spüren. Umgekehrt kann eine endomorphe Struktur einem rigiden Mesomorphen Zärtlichkeit und Sanftheit beibringen.

Endomorphe körpern Erfahrungen so ein, wie sie ihre Eingeweide umschließen: Dinge gehen hinein, werden gesammelt, werden hin- und herbewegt, verdaut und gefasst. Mesomorphe körpern ein, indem sie aktiv sind, handeln und an etwas teilhaben. Ektomorphe körpern ein als empfindende Sensoren, indem sie still sind, präsent durch Wachsamkeit.

Der Konstitutionstypus sowie die Dynamik von Form und Struktur gibt menschlichen Wesen ein emotionales Bild von sich selbst. Sie bilden den Rahmen für grundlegende innere Dialoge und für die Sprache der Pulsation zwischen den Beuteln der Eingeweide, des Brustkorbs und des Schädels. Sie beeinflussen ebenfalls die Verformungen, die rigide, verdichtet, aufgeschwollen und schwach sein können (im Kapitel Verformungen der Form diskutiert) und zwar als grundlegende Reaktionen auf Stress und Herausforderung. Der Konstitutionstypus ist ein Teil des Dialogs, und er zeigt etwas über die angeborenen Reaktionen auf Stress. Zum Beispiel wird der eine Mensch auf Stress mit Angriff reagieren, ein anderer mit Kollaps und Einfrieren, ein Dritter mit Wachsamkeit und Aufmerksamkeit.

Mesomorphe

Mesomorphe - in ihrer reinen Form Leute der Tat und des Abenteuers - sind immer auf der Suche nach einer Vision. Da sie keine eigenen Visionen haben, ist ihre Frage: "Wem werde ich dienen und wie?" Sie möchten einer Vision dienen, aber nicht deren Sklave sein, da sie fürchten, ihre Unabhängigkeit zu verlieren. Daher sind Mesomorphe mit einem interessanten Paradox konfrontiert: Sie sind Menschen, die herausfordern und polarisieren und die gleichzeitig dienen möchten.

Unser Konstitutionstypus bildet den Hintergrund für unser Denken, auch wenn wir uns dessen nicht bewusst sein mögen. Mesomorphe zum Beispiel beschreiben ihre Interaktionen mit anderen Menschen in Begriffen von Macht und Konflikt. Es geht um Gewinnen, Verlieren oder Konfrontieren.

Endomorphe andererseits sehen Interaktionen als sich verändernde Beziehungen, nicht als ein Gewinnen oder Verlieren. Die Botschaft der mesomorphen Schicht ist: Man ist jemand durch Leistung und Tat. Sie sind deshalb frustriert, wenn ihr Handeln ohne Reaktion bleibt. Organisiert auf Handeln hin und nicht auf Empfänglichkeit, lassen Mesomorphe andere nicht gerne nahe kommen, sie kommen aber gern dem anderen nahe.

Unter Stress kann ein Mesomorpher distanziert und heimlichtuerisch sein, ähnlich wie ein Ektomorpher. Mesomorphe - ebenso wie jeder andere Konstitutionstypus - können durch ihre inferiore Funktion angetrieben sein. In der Tat kann der geringste Teil des konstitutionellen Erbes den Ton angeben. Der Psychologe Alfred Adler hat gesagt, dass die schwächere Organfunktion die Aufmerksamkeit des Menschen beherrscht und als Basis für das Streben nach Macht dient.

Mesomorphe funktionieren durch Wagemut und Herausforderung. Dabei täuschen sie manchmal vor, hilflos zu sein. Antworten andere dann auf dieses Signal, sagen sie, dass sie keine Hilfe brauchen, beziehungsweise, dass sie es alleine tun können. Damit wirkt die Autorität des anderen dann inadäquat. Sie brauchen andere Menschen, gegen die sie kämpfen und rebellieren können. Sie brauchen einen asymmetrischen Dialog, damit sie ihre Präsenz testen können. Das kann ihnen aber auch Angst machen. Diese Aggression, Erregung und Angst fehlt oft in einer Familie. Ein mesomorphes Kind sagt zu seinen Eltern: "Wirst du mich ablehnen, wenn ich gegen dich rebelliere? Wirst du mich ablehnen, wenn ich gewinne? Was wirst du tun, wenn ich größer bin als du?" Wenn es in der Familie keine kraftvolle Präsenz gibt, die diesem Kind entgegentritt, wird es den Mythos vom gescheiterten Kämpfer entwickeln. Dieser Kampf wird in der äußeren Welt weitergeführt: etwa durch Verdienen des Lebensunterhalts, den Anspruch, im Leben vorankommen zu müssen und so weiter. Ist die Lebensmitte erreicht, wird das Bedürfnis, der äußeren Welt sein Selbst zu beweisen geringer.

Ein möglicher Fehlschlag ist nicht die Kernfrage für Krieger; die Kernfrage ist, ob sie sich voll für den Kampf eingesetzt haben. Wenn sie gegen einen besseren Gegner verlieren, gibt es keine Scham. Wenn sie jedoch dem Kampf ausweichen, werden sie zu gescheiterten Kriegern. Sigmund Freud hat den Begriff des Kriegers für die westliche Welt verändert: Der Krieg findet innen statt, und zwar zwischen der eigenen Natur und den Introjektionen der Gesellschaft.

Krieg und Sieg bestehen darin, unserem konstitutionellen Typ treu zu sein. Dies hat nichts mit der äußeren Welt zu tun, außer, dass die äußere Welt die Arena ist, in der die Herausforderungen angenommen oder zurückgewiesen werden - beides ist möglich.

Wirkliche Männer und Frauen wissen, wo der Kampf stattfindet und sie stellen sicher, dass sie die richtige Schlacht schlagen und sich nicht selbst auf Spiel setzen in eines anderen Schlacht.

Mesomorphe können mitfühlend und einfühlsam sein, aber oft fehlt es ihnen an Weichheit und Mitleid. In Verbindung mit einer starken ektomorphen Schicht werden sie streng, intolerant, kritisierend und beurteilend, was Distanz schafft und andere abweist. Sie können eine doppelte Botschaft aussenden: "Ich kann es alleine machen", und andererseits: "Ich fürchte mich vor einem Fehlschlag." - "Es berührt mich, aber ich bin nicht weichherzig." Dieses Spiel zwischen Nähe und Distanz ist das Merkmal des Mesomorphen.

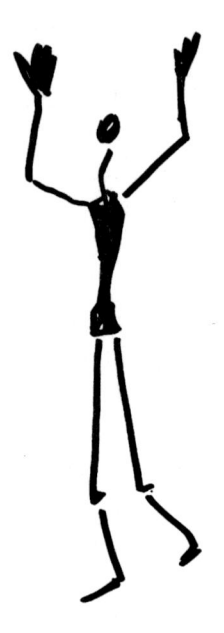

Ektomorphe

Ektomorphe sind wachsam, aufmerksam, vorsichtig, sensibel, scheu und auf Flucht bedacht. Sie möchten Aufmerksamkeit, werden aber durch zu viel Kontakt mit anderen überwältigt. Ihr Dilemma ist es, wie sie Kontakt herstellen und wieder aufgeben können, ohne Anstoß zu erregen. Sie machen sich Sorgen, dass andere etwas dagegen haben könnten, wenn sie sich zurückziehen. Wenn ein anderer Mensch sie wirklich erfüllt und befriedigt, können sie überwältigt werden, da sie nur in der Lage sind, kleine Portionen in sich aufzunehmen. Möglicherweise erkennen sie jedoch nicht, dass sie genug gehabt haben. Ihr Wahrnehmungsapparat, der niemals aufhört, Empfindungen aufzunehmen, kann überreizt werden. Wenn Ektomorphe gesättigt sein wollen, müssen sie auf ihre Eingeweide achten.

Ektomorphe nähren sich über ihre Sinnesorgane. Sie empfinden Lebendigkeit in ihren Augen, in Nase, Mund und Gliedern. Da sie einen kleinen Verdauungsapparat und eine größere neurale Oberfläche haben, assimilieren sie die Dinge oft nicht und werden daher nicht satt. Information ist ihre Nahrung, aber sie sättigt sie nicht.

Der größte Teil der ektomorphen Struktur ist nach außen, zur Welt hin ausgerichtet. Ihr Körpertypus besteht fast ganz aus Oberfläche. Sie spüren ihre eigenen Eingeweide nicht, und in der Regel haben sie keine schweren Muskeln. Das Ergebnis ist, dass sie sich weniger verkörpert fühlen als die beiden anderen Typen.

Ektomorphe neigen dazu, sensorisch aufmerksame und wachsame Informationssammler zu sein. Sie sind auf Gehirnaktivität aus. Während andere Typen gleich intelligent sein mögen, hat das Schulsystem die Tendenz, nicht nur die Richtigkeit einer Antwort zu belohnen, sondern auch die Schnelligkeit, mit der sie gegeben wird. Folglich werden ektomorphe Typen öfter als andere durch unser Bildungssystem belohnt.

Die postmoderne Philosophie postuliert den kosmopolitischen Menschen, der keine Geschichte hat und auch keine braucht. Diese Vorstellung ist für einen ektomorphen Nomaden nicht beängstigend. Ektomorphe brauchen keine Verbindung zu anderen, da sie auf selbstgenügsame Weise Bilder und Vorstellungen produzieren. Sie verlassen sich nicht auf die Unterstützung der Allgemeinheit oder darauf, dass die emotionale Erfahrung, in eine Tradition eingebunden zu sein, sie tragen könnte.

Im Allgemeinen haben Ektomorphe eine schwächere Konstitution als andere Typen und sind eher ungeformt. Sie sind für andere nicht sehr zugänglich, obwohl sie den Eindruck vermitteln, es zu sein. Sie geben nach und handeln selbstaufopfernd, sind hierbei jedoch nicht in der Lage, sich zu managen. Ektomorphe Strukturen verfügen über Erfahrung mit dem Muster des Rückzugs und damit, wie schwierig es für sie ist, dieses wieder zu desorganisieren, sobald es einmal organisiert ist.

Ektomorphe sind impulsiv, selbst wenn sie sich selbst disziplinieren. Sie sind eruptiven Reaktionen unterworfen. Auch wenn sie es vorziehen, allein zu sein, lieben sie körperlichen Kontakt. Da sie sich selbst in einer Situation verlieren können, wahren sie ihr Identitätsgefühl, indem sie sich zurückziehen. Liebe bedeutet für sie, " Ich spüre deine Präsenz, ich weiß, wer du bist." Der Schlüssel hierzu ist ihre Einsicht, nicht verkörpert zu sein. In Anwesenheit eines Anderen laufen sie ständig Gefahr, überwältigt zu werden.

Ektomorphe Zurückhaltung hat ihren evolutionären Ursprung in umweltbedingten Stressperioden wie Dürrezeiten oder Seuchen. Zurückhaltung führt hier zum Überleben und wird zu einer vererbten Eigenschaft. Sie ist ein konstitutioneller Überlebensmechanismus, der sozial anerkannt ist. Zurückhaltung wird zu einer Kraft in sich.

Das ektomorphe Kontaktsystem besteht in Annäherung und kritischer Untersuchung. Ektomorphe sind "Korrektoren". Sie leisten eine Menge an Sinnesunterscheidungen: gut - nicht gut, perfekt - nicht perfekt. Sie unterscheiden zwei Zustände und geben dann ein moralisches Urteil ab. Missbilligung ist ein starkes aggressives Werkzeug. Gleichwohl kann es für einen Ektomorphen ein wirklicher Lehrmeister sein, vorausgesetzt, dass es nicht zu streng oder bestrafend für sich und andere eingesetzt wird.

Ektomorphe leben als Sammler von Sinneseindrücken. Unabhängigkeit ist für sie lebenswichtig. Sie reagieren schnell, sind aufmerksam anderen gegenüber, gehen aber nicht notwendigerweise in körperlichen Kontakt. Liebe bedeutet für sie, Distanz zu halten und ihre Erfahrung mitzuteilen ohne Anspruch. Paradoxerweise haben sie eine gute Intuition, was die menschliche Natur angeht. Sie sind dabei eher mitfühlend als einfühlsam.

Endomorphe

Endomorphe sind gesellig, geduldig und versorgen andere gut. Sie haben eine starke Präsenz. Ein endomorpher Typus kann lange Zeiten von physischer Untätigkeit durchstehen. Es freut ihn, wenn andere anwesend sind und wenn viel los ist.

Von Natur aus äußern Endomorphe das Bedürfnis, geliebt zu werden, indem sie andere in sich hinein einladen. Sie drücken Liebe nicht durch Tun aus. Liebe ist das Bedürfnis, gemocht zu werden oder sich verbunden zu fühlen. Ein Mesomorpher sagt: "Du weißt, dass ich dich liebe, durch das was ich für dich tue." Ein Endomorpher sagt: "Du weißt, dass ich dich liebe, durch die Tatsche, dass ich bei dir bin. Meine Präsenz bei dir ist ein Akt der Liebe. Ich empfange dich."

Die wichtigsten endomorphen Werte sind einerseits Mitgefühl und Einfühlungsvermögen und andererseits Sammeln und Einverleiben. In der heutigen Welt müssen allerdings die "Eingeweide-Realität" und ihr Gefährte, die Intuition, versteckt werden. Sie haben in der äußeren Welt keinen Platz.

Endomorphe reagieren langsam, ausgenommen auf Gefühlsnuancen. Ihre langsam handelnde, aber beherrschende Präsenz beunruhigt Mesomorphe und bringt Ektomorphe gegen sie auf, da diese nicht einverleibt werden wollen. Die Erregungsmuster der drei Konstitutionstypen sind höchst unterschiedlich: Anregung des Appetits beim Endomorphen, wilde Aufregung beim Ektomorphen, dringlicher Wunsch zu handeln beim Mesomorphen.

Die schwierigste Aufgabe für einen Mann ist es, sich seiner eigenen endomorphen Natur hinzugeben. Dies ist einfacher, wenn er bei sich zu Hause oder in der Natur ist, doch in der äußeren Welt ist es schwierig. Genau damit haben Männer jedoch Probleme, da die äußere Realität eine so große Rolle im männlichen Mythos spielt und sie ihre Akte von Liebe und Mitleid verbergen müssen.

Endomorphe sorgen gern für andere. Sie suchen Intimität und sexuelles Vergnügen, können dabei aber zudringlich werden und verlangen, dass andere ihnen dienen. Wenn niemand da ist, der für sie sorgt, fühlen sie sich bitter und betrogen. Sie neigen zu ungeformter, aufgeblasener, nicht gefasster Erregung, indem sie andere inkorporieren.

Konstitutionstypus und emotionaler Ausdruck

Die Meso-, Ekto- und Endo-Konstitutionstypen haben jeweils einen inneren Code, der sie in eine bestimmte Lebensrichtung drängt. Viele Lebensprobleme entstehen aus konstitutionsbedingter Unzulänglichkeit einer bestimmten Situation gegenüber und nicht aus Entbehrungen, die von den Eltern verursacht worden sind. Allgemein gesagt, spiegeln sich die elterlichen Konstitutionstypen in ihren Nachkommen. Einige Kinder lernen jedoch den Konstitutionstypus ihrer Eltern zu leben, obwohl sie selbst nicht diese Disposition haben. Ein Kind kann wie ein Ektomorpher funktionieren, auch wenn es selbst kein ektomorpher Typ ist. In diesem Fall ist der bestimmende Faktor nicht der tatsächlich vorhandene Körpertyp der Eltern, sondern das in der Familie verlangte Verhalten.

Wenn man im Rahmen von Konstitutionstypen denkt, vermeidet man allgemeine Stereotypen wie: Männer behaupten sich - sind mesomorph, und Frauen sind empfangend - endomorph. Die Entwicklung der westlichen modernen Familie war auf männliche Autorität gegründet, auf die Ideale des Kriegers, des männlichen Mesomorphen. Der Mutter wurde eine endomorphe Funktion auferlegt. Sie war zuständig für Empathie, Harmonie und das Gemeinschaftsleben. Als ein Ergebnis davon verleugneten Jungen ihre ektomorphen und endomorphen Eigenschaften wie zum Beispiel, aufmerksam und fürsorglich zu sein. Mädchen verleugneten ihre Stärke und Intelligenz. Diese Einstellung ist heute einem Wandel unterworfen. Es existiert jedoch noch eine Verwirrung bezüglich Geschlechterzuschreibungen und Konstitutionstypen.

Endomorphe erfahren Zeit als zyklisch, ohne Grenzen. Mesomorphe erfahren Zeit in einer Abfolge von Handlungen, und zwar linear. Für Ektomorphe besteht Zeit in einer Reihe von Momentaufnahmen der Wirklichkeit - in einer vorüberziehenden Parade von Bildern.

Der Konstitutionstypus bestimmt den Rhythmus und die Intensität der Erregung. Ektomorphe erzeugen eine bestimmte Art von Erregung und überlassen es dann anderen, diese zu regulieren. Mesomorphe handeln gern, und das heizt ihren Stoffwechselprozess an. Dabei laufen sie Gefahr, die Erregung zu schnell zu entladen. Endomorphe kochen die Dinge langsam. Sie müssen dafür sorgen, dass ihre mesomorphe Schicht die Erregung innen hält.

Jeder Konstitutionstyp hat seinen eigenen Geist der Liebe. Die Basis des Bezugs zu sich selbst kommt aus leiblicher Imagination, aus dem gesamten Spektrum dessen, was es heißt, lebendig zu sein. Mesomorphe zum Beispiel sind voller Abenteuergeist. Sie suchen Liebe in der Form von Bestätigung und Antwort auf ihre Handlungen. Sie werden durch Untätigkeit, langsame Antworten oder durch einen Mangel an Aufmerksamkeit außer Fassung gebracht. Endomorphe erwarten, geliebt zu werden, indem jemand für sie sorgt. Sie suchen Intimität, nicht Handeln. Ektomorphe suchen Liebe, indem sie ihre Interessen mit anderen teilen. Sie verlangen weder Intimität noch Nähe. Mesomorphe lösen Konflikte gern durch dominierende Aktivität. Ihre schnelle, kraftvolle Ausdrucksweise ist eine Herausforderung für den sich langsam bewegenden

Endomorphen sowie für den die Konfrontation vermeidenden Ektomorphen.

Der Konstitutionstypus wirkt in großen Ausmaß auf die Weise ein, wie Liebe ausgedrückt und wie auf sie geantwortet wird. Mesomorphe, zum Beispiel drücken Liebe durch physische Akte muskulärer Energie und durch Begeisterung aus. Sie leihen ihre Körper, geben ihre Erfahrung und teilen ihre Handlungen mit anderen. Diese Kraft, Aktivität und Vitalität wird manchmal von anderen als Beherrschung erfahren, als mangelnde Zärtlichkeit, Weichheit und Empfänglichkeit. Als Empfänger nehmen Mesomorphe die Liebe, die von anderen kommt, als Dankesschuld wahr, die mit Loyalität, Energie und Freundschaft zurückgezahlt werden muss. Es mangelt ihnen jedoch an Zärtlichkeit. Hierfür müssten sie weicher werden.

Endomorphe zeigen Liebe durch ihre Präsenz und innere Wärme, durch eine emotionale und physische Nähe, die das Entstehen von Harmonie fördert. Diese Qualität der Präsenz unterscheidet sich von der kämpferischen Unabhängigkeit der Mesomorphen und der sporadischen Verbundenheit des Ektomorphen. Endomorphe mögen innigen, nahen Kontakt; Mesomorphe bevorzugen Kameradschaft und Ektomorphe möchten kurze, intensive Perioden sensorischer Aufmerksamkeit.

Für Endomorphe beginnen Liebesgefühle mit einer Wärme im Bauch, die nach außen strahlt und den Anderen einlädt. Sie weiten die Präsenz aus, entweder um den Anderen in sich aufzunehmen oder um aufgenommen zu werden. Sie bewegen sich jedoch nicht aktiv auf andere zu. Ihre Bewegungen sind langsam, schwerfällig und mäanderhaft. In einladender Art und Weise bieten sie Fürsorglichkeit und Intimität an.

Ektomorphe sind lieber allein und stürzen sich in Episoden von Kontakt, wenn sie umgeben sind von endomorpher Wärme oder mesomorpher Aktivität. Der lange, poröse Körper des Ektomorphen ist gefüllt mit einer Energie, die vom Nervensystem ausgeht.

Seine Sinne brennen in wacher Intensität und Aufmerksamkeit. Sein kleiner Verdauungstrakt liefert jedoch weder genügend emotionalen Brennstoff noch unterstützt er seine Bemühungen um Kontakt. Ektomorphe strecken die Hand aus, um vorsichtig Liebe auszudrücken und halten sie dann beharrlich fest. Sie sammeln Eindrücke und Empfindungen, die sie mit jemandem teilen, und zwar mit einer innigen Aufmerksamkeit, die ganz sanft in das Innere des Anderen eingeht und ihn durchdringt.

Ektomorphe lassen sich in sich selbst nieder, gleich einem Vogel, der auf der Stange sitzen bleibt, niemals versuchen sie, in einen anderen einzudringen. Dieser neurale, radargleiche Kontakt ist eine kraftvolle Art von Aufmerksamkeit, die Liebe und Intimität gibt. Ektomorphe "leihen" sich eher, als dass sie sich "geben". Wenn sie mit einem Menschen verbunden sind, erfahren sie, wie es sich anfühlt, erkannt zu werden und den Anderen in sich zu haben. Aufmerksamkeit ist auch eine Form, Liebe zu empfangen, da sie den Anderen in sich sammelt und ihn wie eine Ernte in sich einbringt. Dieses besondere Interesse ist eine Präsenz in gefühlter Intimität. Ektomorphe bringen in eine Liebesbeziehung eine reale Präsenz ein, die den Anderen umgibt, umarmt und durchdringt.

Ektomorphe und Mesomorphe sind auf die äußere Welt bezogen. Sie befassen sich damit, in mesomorpher Weise in andere einzudringen oder in ektomorpher Weise andere zu durchdringen, doch ohne fortgeschwemmt oder von einem anderen vollständig hineingenommen zu werden. Endomorphe sind mit ihrem Innenleben beschäftigt und dann damit, wie sie sich wieder auf die äußere Welt einstellen. Jeder konstitutionelle Typus gibt, empfängt, tauscht aus und kooperiert in seiner ganz eigenen Art und Weise. Jeder begleitet und wird begleitet. Jeder liebt in seinem ganz eigenen Stil.

Wenn Ektomorphe isoliert sind, wenn sie nicht umsorgt werden oder wenn ihnen die Intimität fehlt, die ihnen ein Gefühl für ihren Körper gibt, dann spalten sie sich von allen ab und entkörpern sich. Sie werden zu Vagabundierenden, die hier und da einen Körper besetzen. Wenn Endomorphen die Nähe und die Anteilnahme von anderen versagt werden, dann werden sie aufdringlich und verschlingend, mit einem unkontrollierbaren Appetit. Sie nehmen unterschiedlos in sich hinein und bilden keine Grenze oder Membrane zwischen sich und anderen. Sie saugen die Welt ein, bis sie mit jedem, der verfügbar ist, verschmolzen sind. Dieser wird dann zu einem Bissen für ihren inneren Hunger. Wenn Mesomorphe keine Fürsorge und Anteilnahme erhalten, dann werden sie aufdringlich, aggressiv und kämpferisch. Alle Bedürfnisse, Zärtlichkeit und das Verlangen nach Kameradschaft werden als eine zu bezwingende Schwäche angesehen. Ihrer Loyalität kann es an Zuneigung fehlen, daher laufen sie Gefahr, selbstbezogene und handlungsorientierte Menschen zu werden, die andere zum Objekt machen.

Wie wir gesehen haben, wird die Art und Weise, in der wir Liebe äußern und empfangen, durch den Konstitutionstyp beeinflusst. Sie wird ebenfalls beeinflusst durch die Art von Fürsorge und Aufmerksamkeit, die uns während der Phasen unseres Aufwachsens entgegengebracht wurden: nämlich der Stadien von Fürsorge, Anteilnahme, Austausch und Kooperation. Die Pulsation dieser Phasen mit ihren wechselnden Formen kann fixiert werden: Der Puls kann zurückgehalten oder gehemmt werden oder beginnen, Amok zu laufen. Die Verformung des Pulses der Liebe in jeder dieser Stadien bewirkt die Leiden und Suchtabhängigkeiten, die die Ungeliebten und die falsch Geliebten heimsuchen.

Die Konstitutionstypen interagieren mit den vier Stadien der Liebe. Der Konstitutionstyp der Eltern beeinflusst die Art, wie diese die Stadien von Fürsorge, Anteilnahme, Austausch und Kooperation sehen und was sie in diese einbringen. In ähnlicher Weise bestimmt der Konstitutionstyp eines bestimmten Kindes, wonach es trachtet, während es aufwächst. Vielleicht bringen Eltern etwas ein, das für jede dieser Stadien von Wert ist. Jedoch geben sie möglicherweise aus Unwissenheit oder Unzulänglichkeit Dinge, die für diesen bestimmten konstitutionellen Typus von geringerem Wert sind. Einem Ektomorphen, der Alleinsein und Introspektion braucht, wird zum Beispiel Gemeinschaft oder Aktivität mit anderen angeboten. Von einem Endomorphen, der Gemeinschaft braucht, wird verlangt, auf sich alleine gestellt zu sein oder Sport zu treiben. Einem Mesomorphen, der Kraftproben braucht, wird Familienbeisammensein oder Isolation geboten.

Verformungen

Liebe ist somatische Erregung, die aufgebaut wird, um Antwort, Wärme und Wachstum hervorzubringen. Liebe ist eine Interaktion, die sowohl dem Leben an sich als auch einer individuellen Person dient. Grundsätzlich empfängt ein Kind von einem Elternteil Liebe als Investition in seine Zukunft, seine Entwicklungsmöglichkeiten und sein Erwachsensein. Alles im Kind ist darauf programmiert aufzuwachsen, eine bestimmte Größe und ein bestimmtes Gewicht zu erreichen sowie ein bestimmtes Niveau kognitiver Leistungsfähigkeit. Das Kind ist, ebenso wie Mutter und Vater, auf die Zukunft hin ausgerichtet.

Die Formative Theorie lehrt, dass wir genetisch verstanden als Erwachsene gezeugt sind, aber als Kinder geboren werden. Der gezeugte Erwachsene in uns ist als das grundlegende organisierende Prinzip immer präsent. Der sich formende Erwachsene ist Teil des Säuglings. Das Paradox besteht darin, wie der ungeformte Erwachsene, Säugling genannt, den Erwachsenen-Archetyp verdeckt. Obwohl wir durch das übersteigerte Bild einer magischen Kindheit geblendet worden sind, bleibt hinter der Bühne der Prozess der Gestaltwerdung eines Erwachsenen weiter aktiv. Der ursprüngliche genetische archetypische Erwachsene ist immer wirksam und wird seine Form ohne Rücksicht darauf entwickeln, was die Gesellschaft tut.

Auf dem Weg zu einer erwachsenen Form durchlaufen wir eine Reihe von Stadien. Zu einem bestimmten Zeitpunkt ist das Kind noch wenig geformt, das heißt unterformt. Es pendelt zwischen dem Verhalten eines Kleinkindes und eines Kindes hin und her.

Dann stabilisiert sich das kindliche Verhalten, und das Kind wiederholt denselben Prozess, sobald das nächste Stadium auftaucht - die Form des Jugendlichen. Die verschiedenen Antworten der Eltern auf die leibliche Unreife ihres Kindes fördern oder verformen sein Wachstum. Diese Interaktion zwischen Eltern und Kind ist für das, was Liebe genannt wird, zentral. Zu wenige, zu viele oder falsche Arten von Antwort können die Erfahrung des somatischen Selbst von Liebe verformen. Damit wird die Bildung eines rigiden, verdichteten, aufgeschwollenen oder kollabierten Charakters eingeleitet.

Störungen der Liebe können in jeder der vier Stadien auftreten: Nähren oder Fürsorge; Anteilnahme unter Einbeziehen der Erkenntnis, dass das Kind einzigartig ist; Austausch und Intimität, die eine Bindung auf einer Ebene von Gleichheit organisieren; Kooperation, indem man gemeinsam etwas gestaltet. Ein Elternteil kann ein Kind nähren, es ansonsten jedoch nicht versorgen; eine Person kann eine andere pflegen, jedoch nicht an ihr Anteil nehmen. Das widerfährt häufig auch alten Patienten in Pflegeheimen. Kinder, die als Säuglinge von ihren Eltern im Stich gelassen werden und die nur eine Randversorgung in einer Institution erhalten, können sterben. Bekannt als Hospitalismus ist dies ein Misslingen von Wachstum.

Die kollabierte Struktur

Jeder wird mit dem Drang nach Formbildung geboren, und dieser Drang bezieht andere Menschen mit ein. Der Formungsprozess erzeugt Empfindungen und Sinneseindrücke. Der Drang, sich fortzupflanzen erzeugt Gefühle von sexueller Anziehung, von Nähe und sexueller Lust. Das Kind, das in der Mutter heranwächst, setzt die chemischen Stoffe frei, welche eine Beziehung als Bindung zwischen Mutter und Kind entstehen lassen. Diese Beziehung hilft dabei, aus nichts *etwas* zu formen. Diese Gefühle nennen wir Mutterliebe.

Wenn Kinder auf die Welt kommen, möchten sie für eine kurze Weile eine Fortsetzung ihrer intrauterinen Bindung erleben. Sie möchten gestillt und umsorgt werden, während sie auf dem Weg von einem ungeformten Menschen zu einem geformteren fortschreiten. Während dieses ganzen Formungsprozesses wird das Bauchnabelgefühl (Uterus-Placenta-Bindung) ersetzt durch das Mund-Brustwarzen-Gefühl (Mund-Brust-Bindung). (Siehe die Bindungstypen in "Körperlicher Dialog in der therapeutischen Beziehung"). Die Mutter schafft eine Umgebung außerhalb ihrer selbst, die an die Stelle der Uterusbindung tritt. Die Gefühle dieses ersten Stadiums sind eine intensive physikalisch-chemische Interaktion, in der die Bindungsart von Fürsorge geformt wird.

Für jemanden sorgen heißt, dass die Mutter auf die Bewegungen und Stimmungen des Kindes reagiert. Die Mutter lächelt - und das Kind lächelt zurück. Das Kind macht noch ungerichtete Bewegungen, und die Mutter reagiert hierauf. Dies ist "Spiegeln" - ein kompliziertes Kommunikationssystem, das Versuch und Reaktion, Ruf und Antwort, Schrei und Reaktion beinhaltet. Es ist mehr als: "Ich fühle mich nicht wohl, bitte komm und wechsle mir die Windeln." Oder "Ich bin hungrig, bitte komm und füttere mich." Es ist eine intensive Interaktion als Kommunikation durch Signale, somatische Muster und Sprache. Dabei geschieht eine Vertiefung der Bindung. Das Kind erhält eine Antwort, und die Mutter erhält eine Antwort, und beide werden Ingredienzien der Gestaltwerdung. Dieses gegenseitige Formen ist Liebe.

Liebe als Nähren oder Fürsorge meint das Stillen, das emotional-sensorische Nähren und das Sorgen für die körperlichen Bedürfnisse des Kindes, während es sich zu einem Erwachsenen heranbildet. Nähren oder Fürsorge bedeutet berühren, halten, liebkosen, es meint alle die Bedürfnisse der kleinen, unreifen Sprösslinge nach Wärme und Nähe.

Die Verformungen der Liebe im Stadium der Fürsorge können im Missbrauch oder in der Vernachlässigung liegen oder auch in einer Liebe, die nur unwillig gegeben wird. Verformung kann auch in dem Versuch liegen, das Kind am Heranwachsen zu hindern. Ein Elternteil infantilisiert das Kind - absichtlich oder nicht -, um sich selbst ein Gefühl von Macht zu geben. Verformungen im Stadium der Fürsorge führen zu einer *schwachen* somatischen *Struktur*. Diese Struktur wird mit den Begriffen *kollabiert*, *porös* oder *ungeformt* beschrieben.

Es gibt auch noch andere Bedingungen, die zur Entwicklung einer schwachen somatischen Struktur beitragen können, auch wenn keine Verformung der Liebe im Stadium der Fürsorge bestanden hat. Der Mensch kann eine konstitutionelle Schwäche geerbt haben. Zum Beispiel sind einige Ektomorphe vom Nervensystem und vom Sinnesapparat her so organisiert, dass sie zwar aufmerksam sein können, ihnen aber ein starker Verdauungs- und Muskelapparat fehlt. Man kann eine kräftige Konstitution haben, aber somatisch instabil werden. Starke Mesomorphe oder vitale Endomorphe können sich visuell orientieren und ihre Sinnesorgane übermäßig gebrauchen. Es kann sich dann eine Atrophie der mesomorphen beziehungsweise endomorphen Disposition durch Nichtgebrauch ergeben.

Diese Menschen setzen dann ihr Gehirn ein, um den restlichen Organismus unter Kontrolle zu halten. Das Ergebnis ist das gleiche wie bei einer Überreizung des Kortex in sehr frühem Alter. Bei Atrophie durch Nichtgebrauch ist die Bewegung gehemmt; bei Überreizung des Kortex sind Erschöpfung und Depression die Folge. Das Gehirnsegment ist hier stark, der Torso jedoch zu schwach, um eine Aktion zu unterstützen.

Porosität beruht einerseits auf konstitutioneller oder protoplasmatischer Veranlagung oder andererseits auf elterlicher Unzulänglichkeit oder Vernachlässigung. In beiden Fällen ist der Muskelgewebetonus in den Oberflächenmembranen porös. Die Fettsäure-Aminosäure-Verteilung der Schichten, die den grenzbildenden Mechanismus des Selbstes darstellen, sind porös, fragil und weich.

Schwache Strukturen nehmen eine Gestalt an, die sich den Forderungen der äußeren Welt anpasst. Gleichzeitig sind sie unfähig, ihre eigene Erregung zu unterstützen. Die Porosität der schwachen Strukturen öffnet sie sowohl zur Welt als auch zu sich selbst hin. Es ist möglich, dass die Zellmembranen groß und schlaff sind, so dass die äußere Welt hereinstürmen kann. Dabei ist es ebenfalls möglich, dass die innere Umgebung nach außen sickert. Eine aufgeschwollene Struktur hingegen expandiert und läuft aus. Unter intensiver Erregung wird eine Membrane bis zum äußersten gedehnt, reißt dann und löst den Behälter auf.

Im Versuch, das zu verfestigen, was immer sie auch an Substanz von der Oberfläche erhalten, kollabieren schwache Strukturen. Die Funktion des In-sich-selbst-Zusammenfallens ist es, die Körpermasse zu verfestigen. Der Kollaps verstärkt und bekräftigt den schwachen Organpuls.

Die somatische Empfindung einer schwachen Struktur ist ein Gefühl von Sinken, Fallen, Einstürzen, Kollabieren. Es ist ein Muster von Einsaugen und Anklammern, begleitet von der Unfähigkeit, für sich alleine zu stehen. Diese innere Empfindung kann durch die äußere Haltung eines Menschen maskiert werden, ist aber im Gewebetonus der Struktur sichtbar. Sie wird durch ein Gefühl von Panik begleitet.

Die Qualitäten, die am besten eine kollabierte Struktur beschreiben sind: Empathie, Weichheit, Güte, Verständnis und die Fähigkeit, auf eine weiche Art und Weise mit einem Anderen zusammen zu sein. Solche Menschen sind in der Lage, andere zu empfangen und die Eindrücke, die sie empfangen, zurückzuspiegeln. Dies hat Ähnlichkeit mit weiblicher Empfänglichkeit, spielt sich jedoch auf einer mentalen Ebene ab. Diese Qualitäten sind oft eine Kompensation für die Unfähigkeit, die eigene Vitalität zu unterstützen.

Poröse somatische Typen bewegen sich im Allgemeinen langsam. Sie sind in der Regel freundlich, außerdem hungern sie nach Kontakt. Sie fühlen, dass, was immer sie auch bekommen mögen, nicht vorhalten wird. Sie gebrauchen andere Menschen, um sich ein Gefühl von sich selbst zu geben. Weil sie jedoch unersättlich sind, geben ihnen ihre Beziehungen niemals genug.

Sie haben ein nachgiebiges Selbst, punktuell unterbrochen durch Zeiten von Freude und Energie. Anschließend fallen sie wieder in sich zusammen. Die äußere Struktur sinkt ein, weil sie den Tonus ihrer Pulsation nicht aufrechterhalten kann. Schwache Strukturen laufen Gefahr, durch die eigene oder jemandes anderen Pulsation eingehüllt zu werden, die dadurch undifferenziert wird. Sie sinken ein, um der äußeren Welt zu entfliehen. Die Stärke ihres kognitiven Prozesses oder ihrer Imagination wird von einem Organismus untergraben, der den Ansturm von Erregung nicht unterstützen kann, genauso wenig wie Handeln. Es ist so, als ob ein mit Helium gefüllter Ballon einen mit Wasser gefüllten schleppen würde. Etwas möchte abheben, wird aber gleichzeitig heruntergezogen.

Schwache Strukturen suchen interpersonale und familiäre Beziehungen als gegenseitige Unterstützung. Symbiotische Systeme gleichen ihre Schwäche aus. Sie bilden empathische Enklaven oder suchen Beschützer, während sie Eindrücke von der Welt sammeln. Sie suchen nach jemandem, an den sie sich klammern können und der sie rettet. Der Retter seinerseits fühlt sich groß, stark, angenommen und verbunden. Es ist auch möglich, dass sie jemanden brauchen, der ihre Interessen unterstützt. Als Eltern ziehen sie es vor, wenn es das Kind ist, das seine Aufmerksamkeit auf sie richtet.

In ihren symbiotischen Beziehungen blühen sie durch Gefühle von Nähe und Intimität auf: "Rette mich, unterstütze mich, sei mein Körper." "Behandle mich nicht wie einen Erwachsenen, aber was immer du auch für mich tust, tue es unter dem Schein von Erwachsensein." In heutiger Sprache gesagt, suchen kollabierte

Strukturen einen Partner, der Dinge möglich macht, jemanden, der sie in ihrer Schwäche unterstützt - so sind zwei Menschen da, die *einen* Leib bilden.

Kollabierte Strukturen geben anderen Menschen ein Gefühl von Angenommen-Sein, indem sie diese in sich hineinnehmen und umhüllen. Dieses doppelte Phänomen unterscheidet sich von der Projektion des Aufgeschwollenen, der über einen Angriff in andere eindringt. Der Poröse hingegen lädt andere in sich ein.

Ein *schwacher* Mensch praktiziert Selbstbestätigung und Aggression durch Unterwerfung, Harmonie und eine weiche, sanfte, passive Aggressivität. Auch wenn ein poröser Mann oder eine poröse Frau als freudig aufnehmend wahrgenommen werden mögen, zeigt das Fehlen einer festen Form Unterwerfung an. Wenn sie andere in sich hineinlassen, fühlen sie sich akzeptiert. Der kollabierte Charakter ist Opfer der Welt, ein Schwamm, der die Welt aufsaugt und dessen Empfänglichkeit hierfür nur ein Vorwand ist. In ihrer tiefsten Schicht fühlen sich diese Strukturen zwar nicht leer, aber alleine gelassen und vernachlässigt.

In psychologischer Sprache würde die kollabierte Struktur als oral-abhängig beschrieben werden, am unteren Ende der Narzissmus-Skala angesiedelt. Ihr Eigeninteresse ist darauf gerichtet, in der Welt ihre Form zu wahren, um jemand zu sein. Sie müssen sich dabei nicht grandios machen. Sie benötigen Aufmerksamkeit von anderen als eine Form zu überleben, denn es ist die Erregung anderer, die ihnen erlaubt, eine Leibform zu haben. Eine kollabierte Struktur könnte psychologisch auch als schizoid beschrieben werden, als ein ungeformtes somatisches Selbst, das wenig Kontakt mit anderen gehabt hat, oder als ein abhängiger Mensch, der sich an andere anklammert und sich nicht trennen kann. Ein Kind fühlt seine eigene Einmaligkeit, wenn es erkennt, dass sein Körper getrennt und verschieden ist vom Körper der Eltern. Wenn dies nicht geschieht, entsteht Verwirrung über den Zustand: entweder in einem anderen zu sein oder ein eigenes Selbst zu sein.

Psychologische Kategorien beschreiben jedoch mentale Zustände. Eine somatisch-emotionale Diagnose geht aber weiter und beschreibt die Beziehung zwischen der Störung im Gewebe und dem mentalen Zustand.

Da kollabierte Typen nicht in der Lage sind, eine aggressive Körperhaltung aufrechtzuhalten, muss der Therapeut ihnen dabei helfen, ihre Struktur zu unterstützen. Als Klienten werden sie versuchen, irgendetwas zu produzieren, um dadurch mit dem Therapeuten in Kontakt zu kommen, aber dem fehlt Form und Struktur. Ihre Porosität, ihre Schwäche und ihr Kollabieren sind ein subtiles aggressives Mittel, maskiert durch die Aussage: "Komm her und hilf mir." Ein Therapeut, der andere beeindrucken muss, fällt in die Falle und antwortet: "Ich will dich retten."

Es ist großartig zu sehen, wie einige kollabierte Strukturen die Welt in sich hineinnehmen und sich nähren. Sie sind in der Lage, die weniger empfindsame Beziehung eines Anderen zu sich selbst und zur Welt zu unterstützen. Das ist ein großes Geschenk. Die therapeutische Frage für jedes Individuum lautet, ob diese Fähigkeit funktional oder problematisch ist, wenn es darum geht, ein gutes Leben zu führen.

Die aufgeschwollene Struktur

In agrarischen und traditionellen Gesellschaften bedeutete Liebe, ein Kind zu stillen, bis es alt genug war, zu stehen und sich selbst fortzubewegen. Dann teilte man die Nahrung mit ihm, bis es alt genug war, für sich selbst zu sorgen. Das war etwa zwischen sieben bis zehn Jahren. Der heutige Überfluss macht uns blind dafür, wie früh in manchen Kulturen ein Kind ein Erwachsener wurde - einschließlich unserer eigenen zu bestimmten Zeitpunkten in der Geschichte. In der Vergangenheit wurde für die Kinder anfangs gesorgt, und dann mussten sie auf eigenen Füßen stehen.

Viele Eltern nähren und versorgen das Kind und reagieren auf seine Hilflosigkeit in den ersten Lebensjahren. In der nächsten Phase, derjenigen der Anteilnahme, stoßen sie dann auf Schwierigkeiten. An jemandem Anteil zu nehmen bedeutet, seine Einzigartigkeit zu erkennen.

Für ein neugeborenes Kind ist es wesentlich, der Mittelpunkt mütterlicher Aufmerksamkeit zu sein. Die Natur und die Hormone der Mutter machen diese Bindung so stark wie nur möglich: Es ist der Druck zu stillen, dieser mächtige innere Mechanismus, der bewirkt, dass eine Bindung zu demjenigen aufgebaut wird, der diesen Druck löst: Die Milchabsonderung wird durch die Schreie des Kindes ausgelöst. Die Stillbeziehung reguliert den Kontakt - dies ist das Primäre. Sobald der Organismus des Kindes an Masse zunimmt, gewinnt die Regulierung von Nähe und Distanz eine andere Form. Das Kind und die Mutter beginnen, die pulsatorischen Interaktionen von Nähe und Distanz, Saugen und Ruhen zu regulieren. Dies bereitet die Ebene für die Regulierung von Impuls und Bedürfnis vor.

Im Stadium der Anteilnahme versucht das Kind, getrennt und gleichzeitig verbunden zu sein. Es möchte der Mittelpunkt des Interesses sein, aber nicht mehr eingebettet in die Mutter noch von ihr einverleibt. In dem Maße, in dem das Kind beginnt, seine willentlich gesteuerten Muskelzentren besonders in der oberen Hälfte des Körpers zu beherrschen, ist es in der Lage, ohne Hilfe zu stehen und sich fortzubewegen und damit Einfluss auf die Welt zu nehmen. Es ist noch immer Teil der Eltern, jedoch getrennt und noch nicht "erwachsen".

Das Bedürfnis des Kindes, Mittelpunkt der Aufmerksamkeit zu sein, erhöht sich durch Trennungsperioden. Jedes Kind sagt: "Sieh mich an, sieh, was ich gemacht habe!" Das Kind sucht nicht unbedingt die Billigung der Eltern, sondern möchte einfach, dass sie wahrnehmen, was es gerade macht. Das Kind sucht das Interesse und die Aufmerksamkeit, die ihm wie Katalysatoren helfen, seine

Fähigkeiten der Selbststeuerung und der Kommunikation zu formen.

Dieses Bedürfnis nach Aufmerksamkeit spielt eine große Rolle in der Herausbildung einer Identität. Später möchte das Kind nah bei der Mutter bleiben und etwas Kontrolle über ihr Verhalten ausüben, während es aufwächst und sich formt. Physische oder emotionale Entbehrungen schwächen die Unabhängigkeitsorgane des Kindes, nämlich das Fortbewegungssystem.

In diesem Stadium ist es lebensnotwendig, selbstzentriert zu sein. Und das bezieht sich nicht nur auf den Aufbau einer Ego-Identität. In dem Maße, in dem sich das Kind somatisch entwickelt, wird der pulsatorische Prozess komplexer, mit größerer Amplitude und Frequenz. Ein Kind beginnt sein Leben in einem tranceartigen Zustand und bleibt darin über eine lange Zeit. Die Vitalität der inneren Organe hat die Oberflächenmuskeln noch nicht völlig belebt, doch Kontakt erzeugt Erregung. Während das Kind damit beginnt, sich somatisch auszufüllen, erzeugt es selbst auch Erregung. Diese wiederum wird von ihm benutzt und investiert, um sein In-der-Welt-Sein zu organisieren.

Das sich entwickelnde Kind verfügt in dem Stadium, in dem es etwas Besonderes sein will, über unreife Erregung, wie dies zum Beispiel beim Spielen zu sehen ist. Kinder werden durch das Ungeformte in ihnen bewegt. Vitalität und Erregung drängen sie, eine Beziehung zur Welt herzustellen, indem sie Formen von Interaktion entwickeln. Vitalität und Pulsation der Kinder sind zum Teil an die besondere Beziehung mit den Eltern gebunden. Gleichzeitig möchten die Kinder jedoch auch mit einer größeren Welt verbunden sein. Sie befinden sich in einem Konflikt zwischen der Welt und ihren Eltern. Wenn sie nicht deren besondere Aufmerksamkeit haben, fühlen sie sich in der Welt unsicher. Es existiert eine Spannung zwischen der Erregung, die sie in der Welt spüren, und der Bedrohung, die diese Erregung für ihre besondere Beziehung zu ihren Eltern darstellt.

Der Prozess von Trennung und Individuation kann dadurch gestört werden, dass Kinder als zu besonders oder außergewöhnlich behandelt werden. Weitere Verformungen treten auf, wenn Eltern ihre Kinder davon abhalten wollen, erwachsen zu werden, wenn sie sie ewig jung erhalten wollen, oder im Gegenteil, wenn sie von ihren Kindern verlangen, zu schnell erwachsen zu werden. Wenn diese Arten von Verformungen auftreten, entsteht eine Verwirrung darüber, wer der Erwachsene ist und wer das Kind. Das Kind wird so behandelt, als ob es emotional oder physisch älter sei, als es wirklich ist. Eine weitere Möglichkeit besteht darin, dass man von ihm verlangt, elterliche Verantwortung für sich selbst zu übernehmen.

Ein Kind, das zu sehr als besonders behandelt wird, dem alles abgenommen wird, beherrscht seine Muskelentwicklung nicht.

Es sagt: "Ich bin dazu bestimmt, etwas Besonderes zu sein. Also behandele mich auch besonders."

Als Erwachsener wird es Manipulation und Verführung einsetzen, um andere dazu zu bringen, Dinge für es zu tun. Dies ist die narzisstische Struktur.

Seine Eltern sagen: "Ich opfere mich für dich auf", oder: "Ich muss mich groß fühlen, ich muss für dich sorgen. Wenn ich für dich sorge, musst du mir gehören und Teil meines Systems sein."

In den siebziger Jahren wurden rumänische Kinder, die turnten, im Alter von drei oder vier Jahren ausgewählt, um potentielle Olympiastars zu werden. Es wurde für sie gesorgt, und sie erhielten besondere Aufmerksamkeit. Sie wurden allerdings auch manipuliert und ausgebeutet, indem sie sich wie kleine Erwachsene benehmen mussten. Ihre koordinativen Bewegungsfähigkeiten wurden überentwickelt, während die begleitenden persönlichen Haltungen ungeformt blieben. Sie entwickelten lebenslange Abhängigkeiten, in denen sie sich weiterhin als besonders fühlten. Sie konnten nicht unverbunden sein und entwickelten nie wirklich ein getrenntes Selbst. Sie sollten keine persönlichen Erwachsenen sein, nur soziale Erwachsene.

Andere Eltern möchten, dass ihre Kinder zu schnell erwachsen werden. Sie möchten, dass Zweijährige ihr Gehirn gemäß den Symbolen der Kultur nutzen, anstatt ihren eigenen Wachstumsschritten treu zu bleiben. Das Ergebnis ist frühreife Entwicklung; am Kind wird Anteil genommen, jedoch enthält diese Anteilnahme eine stillschweigende Aufforderung an das Kind, größer und geformter zu sein, als es tatsächlich ist. Das, was jetzt existiert, wird im Hinblick auf das, was sein sollte, abgewertet. "Sei nicht durchschnittlich, sei etwas Besonderes. Sei nicht deinem Alter gemäß; sei älter." Kinder dieses Typus eignen sich eine große Menge an Informationen an und halten sich selbst für reif. Tatsache ist aber, dass sie persönlich ungeformt sind. Ihr Informationssystem - das Gehirn und die Sinnesorgane - ist aufgeschwollen, aber ihr emotionales System - Eingeweide und Glieder - ist ungeformt. Sie müssen fortwährend durch eines anderen Erfahrung ausgefüllt werden, um das Bild aufrechtzuerhalten, ein kenntnisreicher Erwachsener zu sein. Am Ende haben sie erwachsene Vorstellungen, aber ungeformte Gefühle und eine übertriebene Einschätzung ihrer Fähigkeiten. Diese Kinder leiden unter Grandiositätsgefühlen. Sie haben eine übertriebene Ansicht davon, wer sie sind, was sie tun können und was andere für sie zu tun haben.

Eine verlängerte Ausbildung verlängert auch den Kindheitsstatus und bestärkt Kinder darin, sowohl abhängig zu bleiben als auch sich selbst gleichzeitig als besonders und unabhängig zu sehen. Jungen Leuten werden erwachsene Privilegien und ein erwachsener Status gegeben, aber es ist möglich, dass sie keine volle soziale Erwachsenenrolle übernehmen können, bis sie fünfundzwanzig oder dreißig sind.

Grandiosität, eine natürliche Phase für Kinder, in der sie der Mittelpunkt von Aufmerksamkeit und Interesse sind, wird bei dem aufgeschwollenen, aufgeblähten Typus ausgedehnt. Dieser Typus verlangt fortwährend besondere Aufmerksamkeit, möchte der Erste sein und möchte, dass man ihm sofort antwortet. Die Menschen sind aufgebläht und erregt, und ihr selbstzentriertes Interesse sieht die Welt nur in Bezug zu sich selbst.

In diesen Strukturen besteht ein Konflikt zwischen Reizerregung und Formlosigkeit. Dieser Konflikt spielt sich zwischen einem übererregten zentralen Nervensystem und den Zentren ab, die langsamer reagieren, wie zum Beispiel die Eingeweide. Entflammung entsteht, wenn das Kind nur geringe Reaktionen auf seine Erregung erhält oder wenn es durch Eltern oder Gesellschaft übererregt wird. Eine Überstimulierung der Sinnesorgane beschleunigt die Aktivität in den Zellen. Dies zeigt sich in Form von innerer Unruhe, Manie oder Frühreife.

Diese Typen zeigen ein „ich, ich, ich"-Verhalten; sie fühlen sich berechtigt, Ansprüche zu stellen und sind beunruhigt, wenn sie nicht als besonders behandelt werden. Aufgeschwollene Menschen sagen: "Gib mir deine Aufmerksamkeit, antworte mir, ich bin wichtig." Sie verbreiten eine nicht nachlassende Qualität von Hunger, Gier und Grandiosität. Die entflammte, erregte Aktivität ihrer Eingeweide schreit danach, verkörpert zu werden.

Gier ist ein Grundgefühl des aufgeschwollenen Charakters. Seine Aussage ist: "Mir gehört alles, ich will es haben, es gehört mir, andere leben, um meine Wünsche zu befriedigen." Gier basiert auf der Erfahrung, dass einem unbegrenzt gegeben wird. Jetzt will man alles haben. Gier hat eine aggressive Qualität, bedeutet, sich gleichsam etwas gewaltsam zu nehmen.

Aufgeschwollene Typen haben nicht genügend innere Struktur oder Körper, um in sich selbst zu leben. Daher müssen sie den Körper von jemand anderem besetzen. Auf die eine oder andere Weise - sei es durch Verführung, Täuschung oder Manipulation - versucht der Aufgeschwollene, in den anderen einzudringen. Seine Aussagen sind: "Ich möchte in dir sein, ich bin wie du, ich bin du", und schließlich: „Was machst du in mir?"

Aufgeschwollene Typen entflammen sich fortwährend selbst. Ihre Grandiosität hat mit Hyperaktivität im Dienste einer Vorstellung zu tun, die sie zwar nicht besitzen, die sie aber nichtsdestotrotz versuchen aufrechtzuerhalten. Um ihr Bild, erwachsen zu sein, aufrechtzuerhalten, müssen sie mit der Erfahrung von jemand anderem gefüllt werden.

Kollabierte und aufgeblähte Strukturen sind beide schwach, aber an unterschiedlichen Stellen. Sie unterscheiden sich hinsichtlich der Quantität und der Qualität an verfügbarer Erregung und der Amplitude der pulsatorischen Vitalität. An der aufgeschwollenen Person hat man Anteil genommen. Daher bewegen sich ihre Gefühle in dem Rahmen von "Ich habe ein Anrecht darauf, ich bin besonders." Die schwache Person sagt: "Ich bin nichts wert, ich habe kein Anrecht darauf." Schwache Strukturen implodieren an der Oberfläche. Ihr innerer Puls kann nicht unterstützt werden, sondern beginnt zu kollabieren. In den aufgeschwollenen Strukturen wird das Gefühl der inneren Empfindungen und des inneren Verlangens an die Oberfläche gebracht und nach außen gestoßen, weil es als Folge der Übererregung nicht gefasst oder eingekörpert werden kann.

Schwache Typen versuchen anderen Menschen Antworten zu entlocken; sie in sich hinein einzuladen. Aufgeschwollene Typen bewegen sich auf andere zu, und zwar mit Verführung und Manipulation. Dabei nutzen sie ihre Erregung, um in andere hinein zu stürmen. Sie weiten ihre Erregung auf andere aus und haben dann das Gefühl, dass diese ihnen eine Gegenleistung schulden. Sie gehen mit ihrem Interesse und ihrer Erregung hausieren, um den Körper eines anderen zu besetzen. Alles ist Versprechen - Erfüllung gibt es nicht - Illusion versus Potential.

Das aufgeschwollene Muster von Schutz besteht darin, die Erregung auf andere abzuladen, weil sie selbst keine Form haben, um sie zu fassen. Sie weiten ihre Erregung auf andere aus und haben dann das Gefühl, dass andere ihnen dafür etwas schulden. Aufgeschwollene fürchten sich nicht vor Verschmelzung - Tatsache ist, dass sie sie mögen. Sie brauchen Liebe und Aufmerksamkeit von anderen, um sich selbst zu entfachen. Für aufgeschwollen Typen gehören Liebe und Interesse an ihnen zusammen, ebenso wie für poröse Typen Liebe und "Füll mich" zusammengehören.

Ziel somatischer Arbeit ist es, eine somatische Struktur aufzubauen, die dem Menschen Form gibt, eine Gefühlstiefe und eine Organisation, die Handeln möglich macht. Es geht nicht lediglich darum, Aggression oder Lebendigkeit zum Ausdruck zu bringen. Die Diagnose einer aufgeschwollenen Struktur kann erst dann bestätigt werden, wenn der Therapeut beginnt, mit dem Menschen zu arbeiten und feststellt, dass dieser anfängt, seine Grenzen zu verlieren, sobald er weicher wird. Wenn aufgeschwollene Typen ihre aufgeblasene Haltung abbauen, fangen sie an, wie ein Ballon zu schrumpfen und sich selbst als großen, leeren Körper zu erfahren; ein kleines Fleckchen Identität in einer aufgeschwollenen Masse. Ihr Aufgeblasen-Sein ist ein Schutz. Es ist eine Art und Weise, groß zu sein. In ihren Beziehungen mühen sie sich ab, groß zu bleiben und zu verhindern, dass ihr Ballon eingestochen wird. Sie tun dies, indem sie ihre Unzulänglichkeit auf andere projizieren.

Therapeuten sollten diese Klienten weder einschrumpfen lassen noch ihre Selbsttäuschungen durchlöchern. Das würde ihnen das bisschen Identität nehmen, das sie haben. Stattdessen besteht die Aufgabe darin, aufgeschwollenen Typen zu helfen, ihre wirkliche Größe einzunehmen, zu sehen, dass Aufmerksamkeit wichtig ist, aber nicht überlebenswichtig, und damit zu beginnen, Mitgefühl mit anderen zu entwickeln, ohne dieses auf sich selbst zurückzulenken. Es ist die Aufgabe, eine pulsatorische Form wiederherzustellen, die einen Körper, eine Präsenz, eine Tiefe und eine Fassung verleiht. Diese Wiederherstellung von Selbstliebe wird dann zur Grundlage der Liebe zu anderen.

Die verdichtete Struktur

Das Stadium der Liebe, das mit Austausch zu tun hat, erfordert, dass ein Elternteil mit dem Innenleben und den Gefühlen eines Kindes vertraut wird. Das Kind legt seine Gedanken, Gefühle und emotionalen Reaktionen dar und erwartet eine Antwort vom Elternteil. Die Antwort oder ihr Ausbleiben lehren das Kind, wie es mit dem, was aus aus seinem Innern kommt, umzugehen hat, das heißt, es zu akzeptieren oder zurückzuweisen. Das erste Stadium der Liebe hat mit den physischen Bedürfnissen des Kindes nach Fürsorge, Nahrung und Wärme zu tun; das zweite Stadium damit, dass seine Einzigartigkeit erkannt wird. Das dritte Stadium hat mit den auftauchenden inneren Erfahrungen zu tun und wie diese ausgetauscht werden. Die Art und Weise, wie ein Elternteil auf die Gedanken, Gefühle und Emotionen des Kindes antwortet, lehrt dieses, wie es mit seinen innersten Erfahrungen umgehen soll.

Aus einer Vielzahl von Gründen können einige Familien einem Kind keine angemessenen Antworten geben. Vielleicht wird ein Elternteil durch eine Krankheit gezwungenermaßen für längere Zeit der Mittelpunkt der Aufmerksamkeit in der Familie, und die Bedürfnisse des Kindes werden beiseite geschoben. Manchmal verlangt ein geschiedener Elternteil von einem Kind, sich auf seine Seite zu stellen oder sein emotionaler Vertrauter zu werden, als Ersatz für den fehlenden Gatten. Andere Familien teilen die Welt in zwei Bereiche auf: Erwachsene und Kinder. Kinder haben ihren Platz als Kinder und nicht als sich formende Erwachsene. Austausch und Intimität sind ihrer Meinung nach etwas für Erwachsene, nichts für Kinder. Die Bemühungen des Kindes um eine Antwort werden herabgewürdigt und ins Lächerliche gezogen. Andere Kinder wiederum empfangen eine große Menge an Intimität, aber nur so lange, bis ihre Sexualität erwacht. Dann wird der Austausch ganz plötzlich für die Eltern zu bedrohlich. In gewissen Familien stehen Armut und die Anforderungen, den Lebensunterhalt zu verdienen, dermaßen im Vordergrund, dass die auf ein einzelnes Kind bezogene Aufmerksamkeit und Intimität unmöglich werden. Wenn die kindlichen Versuche sich auszutauschen ins Lächerliche gezogen, verächtlich gemacht oder manipuliert werden, dann ist das Ergebnis der Beginn der *verdichteten Struktur*.

Verdichtete Typen wuchsen in einer Familie auf, die zwar für sie sorgte, jedoch ihr Mitgefühl ausnutzte und ihre Selbstbehauptung untergrub, indem sie von ihnen verlangte, der Familie zu dienen. Anstatt als große Person behandelt zu werden, wurden sie als kleine Person behandelt. Bemühungen, sich selbst zu behaupten, wurden mit herabsetzenden Feststellungen beantwortet, wie: "Alles geschieht zu deinem eigenen Wohl." - "Eines Tages wirst du mir noch dankbar sein für das, was ich für dich tue." - "Du bist nur ein Kind, was weißt du davon."- "Kannst du nichts richtig machen?" Ihr Versuch, sich auszuweiten wurde untergraben, mit dem Ergebnis, dass sie um Unabhängigkeit kämpfen mussten. Um Liebe zu empfangen, bezahlten sie einen hohen Preis: Demütigung und Unterwerfung unter andere.

Die Familie eines verdichteten Menschen sendet eine doppelte Botschaft: "Handle frei und unabhängig, aber lebe abhängig. Sei ein Mann, sei eine Frau, aber tu, was ich sage." Die Familiendynamik lehrt Unterwerfung unter andere. Als Erwachsene verehren verdichtete Typen einen Führer, während ihr eigenes Bedürfnis nach Selbstbehauptung verraten wird. Sie bleiben loyal, halten Verbindungen über lange Zeit aufrecht und suchen andere, die sich für sie interessieren. Haben sie diese einmal gefunden, halten sie sich jedoch von diesen zurück.

Um einer Sache zu dienen, neigen verdichtete Typen dazu, Märtyrer zu werden und sich selbst aufzuopfern. Dabei gehen sie über ihre eigenen Gefühle hinweg. Sie versuchen, dominierend und selbstbehauptend zu sein, ziehen sich aber dann zurück. Desgleichen schrecken sie vor intensiver Erregung zurück. Sie ersetzen sie durch Tun für andere. Ihr Hauptmerkmal ist ihre "Belagerungsmentalität", die einen Schutz vor Aggressivität darstellt, der sie gegen Angriffe wappnet. Selbstbehauptung richtet sich nicht auf die Welt hin, sondern sie gebrauchen sie, um sich in sich selbst zu verschanzen.

Im Zentrum der double-bind Botschaft der verdichteten Familie liegt das Ringen um den Beweis des Eigenwerts. Da verdichtete Strukturen im Dienst anderer Leute zurückgesetzt wurden und sie nicht das Gefühl haben, ein Recht auf ihren eigenen Weg zu haben, schnüren sie ihren Lebensraum durch einen einengenden Ring in der äußeren Schicht ihres Körpers ein und geben so einem inneren Vulkan eine Fassung. Verdichtete Strukturen machen Kontakt, indem sie in Verbindung bleiben und gleichzeitig zögerlich sind. Sie beschimpfen sich selbst, fühlen sich jedoch gezwungen, wie Märtyrer zu handeln. Sie suchen Liebe durch Loyalität und indem sie anderen dienen. Sie fürchten ihre emotionalen Wogen, sind jedoch süchtig danach. Zu lieben heißt, im Dienste von jemandem zu sein, heißt loyal zu sein.

Verdichtete Strukturen stellen sich selbst in den Hintergrund, machen sich kleiner und kompakt. Indem sie sich der Expansion widersetzen, drücken sie ihre Erfahrung in sich zusammen. Sie ziehen die Aufmerksamkeit auf sich, indem sie sich und andere verurteilen und ebenso durch ihre Unfähigkeit und ihren Unwillen zu antworten. Sie können verschlossen sein, enttäuscht und gedemütigt. Sie fühlen sich missbraucht, ungeliebt und nicht anerkannt. Sie sind zynisch, und Dunkelheit verdüstert ihre Zukunft.

Obwohl im Herzen warm, sind verdichtete Strukturen gehemmt und voller Scham. Sie sind überkompakte phallische Typen mit dem Drang, aggressiv zu sein. Sie sind nicht wirklich hysterisch, tendieren aber zu Exhibitionismus und Hyperaktivität. Ihre Fähigkeit zu expandieren und sich auszuweiten wurde verkrüppelt. Sie sehnen sich danach, frei zu sein und wissen, dass es sich lohnt, denken jedoch gleichzeitig darüber nach, wie andere sie gerne hätten. Sie beneiden andere und möchten ihrer eigenen Unterdrückung entkommen. Sie möchten ins Freie ausbrechen, zart und erregt sein, vereiteln es jedoch immer wieder. Da sie ein fortwährendes Gefühl von Scheitern haben, schaffen sie es nie. Sie drohen zu explodieren, implodieren jedoch schließlich. Sie drücken ihre Liebe durch Behutsamkeit, Zurückhaltung, Loyalität und Zuverlässigkeit aus. Sie halten ihre Liebe aus Furcht vor Demütigung und aus einem Gefühl von Machtlosigkeit heraus zurück.

Zu dienen gibt ihnen das Gefühl, gebraucht zu werden. Sie verbergen sich vor der Welt und vor sich selbst. Sie isolieren sich. Sie sind Kämpfende, die Hindernisse dadurch zu überwinden suchen, dass sie sie abtragen. Da sie in Gefahr sind zu schmelzen, zu weich, zu einfühlsam oder zu eruptiv zu sein, drängen sie ihre spielerischen und impulsiven Bedürfnisse zurück. Zärtlichkeit, Intimität, Austausch und Kooperation gegenüber nehmen sie eine zynische Haltung ein. Sie sehnen sich danach, von jemandem empfangen zu werden, gleichzeitig schrecken sie jedoch davor zurück.

Verdichtete Strukturen besitzen zwei Schichten: einen heißen Kern von Erregung, der ihre Bedürfnisse auslöst und diese in Richtung auf die Welt hin weitet, und eine verdichtete Schicht, die einen "Behälter" bildet. Wenn diese Strukturen sich zur Welt hin bewegen, erwarten sie, gedemütigt zu werden. Als Reaktion hierauf verdicken sie ihre Haut und ihre Muskeln, um den Organismus in sich selbst zu halten. Die verdichtete Oberfläche stößt andere Menschen zurück. Der formative Drang, nach jemandem auszugreifen, wird sowohl durch das Selbst als auch durch die Welt vereitelt. Diese Vereitelung erzeugt ein Gefühl von Wertlosigkeit und Verzweiflung. Liebe wird zu Groll und Zynismus.

Verdichtete Strukturen können nicht aus sich herauskommen; sie sind in sich selbst gefangen. Sie fühlen sich unsicher und identifizieren sich gern mit Leuten, die impulsive oder rigide Eigenschaften haben. Sie hassen Kritik, akzeptieren sie aber, um eine

Verbindung aufrechtzuerhalten. Da Unabhängigkeit ihnen Angst macht und sie von Zweifeln überschwemmt sind, ist ihr Ich-Gefühl eingeschnürt unter dem Druck geringer Selbstachtung, dem Fehlen motorischer Fertigkeiten und der Unfähigkeit, selbstbestätigend zu handeln. Dieser Zweifel stellt die Frage „Werde ich gedemütigt werden, oder werde ich nicht gedemütigt werden?", „Werde ich beschämt werden, oder werde ich nicht beschämt werden?" Andererseits sind sie neidisch auf das, was andere haben.

Verdichtete Strukturen sind voller Hingabe. Sie hängen sich an etwas, zögern und lassen doch nicht locker. Ihre lang dauernden Freundschaften sind oft mit Groll vermischt, weil sie selbst in den Hintergrund treten, um Kontakt aufrechtzuerhalten, und weil sie den Anderen um seine Macht beneiden. Sie setzen ihre Energie frei, aber es ist ein impotentes Freisetzen. In einer Ehe wird der verdichtete Partner kämpfen und dann versuchen, es "wieder gutzumachen", nach dem Prinzip: erst angreifen, dann bereuen - Ausbruch und Vergebung - Scham und Vergebung. Sie werden groß, um anschließend wieder klein zu werden.

Verdichtete Typen können Unabhängigkeit nicht aufrechterhalten. Ihre Unabhängigkeitsgefühle entstehen durch Isolation und Zurückhaltung. Da sie abhängige Strukturen sind, die sich selbst nicht unterstützen können, sind sie nur dann in der Lage, selbstbestätigend zu handeln, wenn sie über ein enormes Unterstützungssystem verfügen. Sie drücken ihre Liebe aus, indem sie übermäßig dankbar sind. Sie sind aufmerksam für den Anderen, sie verschmelzen mit ihm, dann jedoch ziehen sie sich zurück und halten eine Zeit lang an diesem Rückzug fest.

Das Bedürfnis verdichteter Charaktere ist es, getrennt zu sein. Sie versuchen zu verhindern, dass sie in die Verschmelzung zurückgezogen werden. Sie möchten verbunden sein, aber sie möchten gleichzeitig auch getrennt sein. Die einzige Lösung für sie ist es, zu zögern und die Verbindung in der Schwebe zu halten. Das heißt, verbunden zu sein, sich aber so zu verhalten, als wären sie nicht verbunden.

Liebe bedeutet Versicherung. Verdichtete Charaktere denken, dass Liebe Sympathie meint, und sie suchen Wertschätzung. Wenn andere ihnen das geben, was sie möchten: Wertschätzung, Sympathie, Anerkennung ihres Ringens oder ihres Schmerzes, dann verleugnen sie es und bleiben ungerührt. Liebe und Ringen gehören für sie zusammen. Jemand mit verdichteter Struktur mag sagen: "Meine Mutter liebte mich sehr, aber sie wusste nicht, wer ich war." Er erkennt, dass für ihn gesorgt wurde, aber auch, dass dieser Elternteil nicht auf ihn einging. Um Liebe zu bekommen, war es für ihn erforderlich, sich selbst zu opfern und dem anderen zu dienen. Jeder Impuls, der das Geschenk von morgen in sich trägt, wird entmutigt, noch ehe er die Oberfläche erreicht. Die Aktivität verdichteter Typen schafft eine Struktur, die sie hemmt, und folglich entwickeln sie kein Gefühl für Zukunft. Der Ring der Verdichtung sagt eine zynische, düstere Zukunft voraus, ohne Ausweg. Verdichtete bewegen sich auf die Welt zu, treffen auf ein Hindernis und kehren wieder in sich selbst zurück. Wegen der unbeweglichen Schichten ihrer verdichteten Struktur haben sie keine andere Möglichkeit. Sie empfinden Apathie und Resignation und suchen Sympathie und Verstehen.

Rigide Menschen (s. folgendes Kapitel) handeln als Krieger und Führer, indem sie die Visionen von andern entlehnen, da sie keine eigenen haben. Verdichtete Menschen dagegen entwerfen Pläne und träumen von Freiheit, vermeiden aber das Handeln. Da sie Phantasie haben, leiden sie mehr. Sie sind gefangen zwischen ihrem Gefühl und ihrem leiblichen Zustand und dann der Erkenntnis, dass Anderes möglich sein könnte. Träumen und planen können sie; nur ihre Möglichkeiten zu handeln sind eingeschränkt. Sie sind vorsichtig und konservativ, innerlich jedoch nicht abgestorben.

Verdichtete Strukturen entstehen in Familien, in denen es eine Kollusion zwischen dem Herrschenden und dem Diener gibt. Diese Kollusion besteht zwischen dem Drang des phallischen Herrschertypus oder des geschwollenen Typus, jemanden dahingehend zu manipulieren, seine Stützstruktur zu sein, und anderseits dem Drang, der verdichteten Struktur zu dienen. Die Kollusion wird mit Diensten für den Herrschenden begründet, der jedoch nicht zugibt, den Dienenden zu benötigen. "Du kontrollierst mich", sagt die verdichtete Person, " aber ich halte das Erwartete zurück, um Kontrolle über dich zu haben." "Du hast Macht über mich, ich brauche deine Sicherheit, aber dadurch, dass ich nicht reagiere beziehungsweise zurückhalte, was ich zu geben habe, übe ich Macht über dich aus." "Ich kontrolliere mich, ich mache mich kompakt", sagt der verdichtete Mensch, "damit ich nicht durch dich kontrolliert werde, obwohl ich dich zum Handeln in der Welt brauche." Oft provozieren Märtyrer jemanden, nicht nur als eine Art, den anderen zu demütigen, sondern als ein geheimes Mittel, damit der andere im Zorn etwas tut, was sie selbst nicht tun können.

Verdichtete Menschen kontrollieren und hemmen ihre eigene Erregung um jeden Preis und, wenn möglich, die Erregung des Anderen. Sie versuchen, ihr Umfeld in Schranken zu halten, es in Fesseln zu legen, es zuzudecken. Einfälle und Gefühle unterliegen immer dem Zweifel: "Ich werde es mir überlegen." "Vielleicht." Dies sind Mechanismen zur Kontrolle von Gefühlen, zum Beispiel, um Demütigung zu vermeiden.

Verdichtete Strukturen können nicht ein Leben gestalten, in dem sie sich frei fühlen zu handeln. Eltern sagen ihnen: "Du hast eigentlich nichts, wenn du dich nicht auf mich verlässt", womit sie die Selbstbehauptung des Kindes untergraben. Die Schwierigkeit der Kinder liegt in der Frage, wer sie sind und wie sie funktionieren. In ihrem Versuch zu kooperieren, wurden sie gedemütigt, ihre Abhängigkeitsbedürfnisse wurden für sie eine Quelle der Scham. In ihrer Zärtlichkeit und Wärme wurden sie ebenfalls gedemütigt, denn man brachte ihnen bei, dass Intimität keinen Wert hat, dass sie nicht nutzbringend ist.

Verdichtete Menschen können aus einer Mischung von Verdichtung und Ungeformtheit bestehen, aus Verdichtung und Rigidität, aus Verdichtung und Aufgeschwollen-Sein. Ihre Verdichtung ist einerseits eine Verteidigung. Sie können sich andererseits jedoch auch passiv verhalten und dann in eine heftige Entladung ausbrechen.

Um sich zu kompakt zu machen, ziehen sie ihren Nacken in den Rumpf ein und den Rumpf in den Unterleib. Muskelschicht liegt auf Muskelschicht und kann sich nicht bewegen. Indem sie sich kompaktieren, werden sie kleiner. Sie bestehen darauf, respektiert zu werden, sind aber in Wirklichkeit kleine Leute, die versuchen, ihre Ansprüche durchzusetzen. Wenn sie wegen ihrer Stärke respektiert werden, fühlen sie sich gedemütigt, denn sie wissen, dass sie es nicht verdienen.

Alle weichen Teile des Körpers sind kompaktiert und stehen gleichzeitig unter enormem Druck. Die Muskeln sind dicht und reagieren nicht, sie sind unsymmetrisch in ihren Bewegungen. Sie unterstützen keine selbstbehauptenden Bewegungen, ermüden leicht und werden unkoordiniert.

Der therapeutische Ansatz besteht darin, verdichtete Strukturen weniger kompakt zu machen. Sie müssen erkennen, dass sie sich in einer Beziehung Geltung verschaffen können ohne Demütigung, dass sie Unterstützung annehmen können, ohne sich kleiner zu machen, und dass Zärtlichkeit nicht Manipulation bedeutet. Verdichtete werden den Therapeuten testen, provozieren, mit ihm argumentieren, um herauszufinden, unter welchen Bedingungen der Therapeut ihnen böse sein oder sie verraten wird. Das heißt, dass diese Struktur nichts so sehr fürchtet wie Verrat.

Verdichtete Strukturen scheinen ideale Kandidaten für kathartische Methoden zu sein. Diese Methoden sind jedoch nicht wirksam. Katharsis verschafft einem Menschen Erleichterung und bietet ein Entkommen an, verändert aber weder Form noch Bewegung. Eine natürliche und spontane Bewegung bedeutet nichts, wenn sie nicht durch eine Übungspraxis unterstützt wird.

Die rigide Struktur

In den späteren Stadien des Heranwachsens mündet das Bedürfnis nach Begleitung und Austausch in Kooperationsbereitschaft. Das Kind tauscht sich aus und möchte gleichzeitig zu etwas Größerem beitragen, als es selbst und die Familie sind. Ein Kind, das die Beziehung zu seiner Familie neu zu gestalten sucht und das seine natürliche Art zu handeln zur Geltung bringen möchte, gerät in Konflikt mit einer Familie, die regelfixiert ist. Da entsteht die *rigide Struktur*. Eine solche Familie honoriert es, wenn Dinge in der "richtigen Art und Weise" getan werden, sie fördert Aggression vor Zärtlichkeit und ordnet Jungen und Mädchen rigide Geschlechterrollen zu. "Jungen weinen nicht, Jungen kämpfen." Von Mädchen wird erwartet, "damenhaft" zu sein, "Mädchen kämpfen nicht." In diesen Familien lernen die Kinder, dass Kooperation nicht geschätzt wird. Belohnung muss verdient und Familienregeln müssen befolgt werden.

Die Verformung von Liebe bei zu starken, das heißt, überformten Strukturen rührt vom Konflikt zwischen der Vitalität der organisierenden Kräfte des Organismus und den Antworten her, die er von außen empfängt. Form ist die Beziehung zwischen Stoffwechselaktivitäten - Gefühl, Instinkt, Verlangen, Impuls - und Handlung. Leibhafte Form ist das Gefäß für Gefühl, Zellstoffwechsel (innen) und Handlung (außen). Handlung steht in einem direkten Zusammenhang mit der Wahrnehmung von Wirklichkeit, mit dem, was in der Welt real existiert. Sobald sich der Organismus entscheidet zu handeln, übernimmt er ihr Realitätsprinzip. In der rigiden Struktur existiert ein Konflikt zwischen Gefühl und Handlung, zwischen dem Bedürfnis zu kooperieren und dem Bedürfnis nach regelkonformer Ausführung. Selbstbehauptung gerät in Konflikt mit Zärtlichkeit, Nähe in Konflikt mit Unabhängigkeit.

Rigide Strukturen ziehen es vor zu handeln, und ihre Verformungen sind Verformungen von Aktivitäten - Hysterie, wahnhafte

Gedanken, zwanghafte Handlungen und die Unfähigkeit nachzugeben. Mehr als alles andere wollen sie rational sein. Das Wort, das am besten den rigiden Charakter beschreibt, ist: Kontrolle.

Handlung dient dem Gefühl, dem Bedürfnis oder Verlangen. Rigide Charaktere sind in der Lage zu handeln, und zwar auf rigide Art und Weise: "Sag mir, was zu tun ist, und ich werde es tun." "Gib mir das Programm, und ich werde es ausführen." Der Kommentar hierzu mag sein: "Du hast alles richtig gemacht, was fehlt, ist das Verständnis für die Intention dessen, was du tust." Und ihre Antwort lautet: "Das verstehe ich nicht. Ich versuche, alles richtig zu machen." Mit der Zeit engen rigide Charaktere auf diese Art und Weise ihre inneren Stoffwechselprozesse so ein, dass es kein Anschwellen mehr gibt, das Gefühle verstärken könnte.

Form ist eine fortwährend pulsierende Aktivität, die als Gefühl wahrgenommen wird. Gefühl, zu einem Extrem gesteigert, wird eine Emotion. Der Unterschied zwischen einem Gefühl und einer Emotion liegt darin, dass eine Emotion bereits eine Handlung ist, ein Gefühl hingegen eine solche sucht. Der Organismus braucht Emotionen, um zu handeln. Bestimmte idealisierte Emotionen und Handlungen werden Liebe genannt.

In einer rigiden Struktur, in der sich der Drang zu kooperieren im Widerstreit mit rigiden Verhaltensregeln befindet, wird das Gefühl verzögert, aber nicht abgetötet. Diese Verzögerung erhöht die Erregung, intensiviert die Imagination und verstärkt den Impuls. Um eine Handlung zurückzuhalten, antwortet der Körper mit Kontraktion oder Expansion. Dominiert die Kontraktion, entsteht ein Gefühl von Verzweiflung. Dominiert die Expansion, überwiegt ein Gefühl von Misserfolg.

Rigide Typen sind für Konkurrenzfähigkeit, Leistung, Unabhängigkeit und Selbstvertrauen belohnt worden. Sie werden dazu ermutigt, Dinge zu durchdenken und unabhängig zu handeln. Sie werden sogar zu wetteifernder Rivalität ermutigt. Belohnungen erhalten sie nur durch Befolgen der Familienregeln. Ihre Belohnung ist Verehrung, Unterordnung anderer und materielle Unterstützung.

Rigide Charaktere können in unterschiedlichem Maße Selbstvertrauen haben. Dies ist es, wonach sie streben. Sie wetteifern in hohem Maße um Aufmerksamkeit, und in dieser Hinsicht sind sie narzisstisch oder phallisch-narzisstisch. Ihr Narzissmus ist verschieden von dem ungeformter Strukturen, weil sie stärker realitätsbezogen sind, Druck aushalten und warten können und ein getrenntes Selbst haben.

Der Individualismuskult erzeugt phallischen Narzissmus beim Mann und hysterischen oder phallischen Narzissmus bei einer Frau. Dies ist eine Struktur mit hoher sexueller Stoßkraft und mit ausgeprägter Fähigkeit, in der Alltagswelt zu funktionieren. Rigide Typen lieben es, Macht zu haben und setzen sie auch ein. Sexualität ist Bedürfnis nach Kontakt, Macht und Vergnügen. Sie rivalisieren um Aufmerksamkeit, Dominanz und Kontrolle. Wer wird das Sagen haben?

Die vorherrschende Verhaltensdynamik rigider Strukturen ist es, verehrt und bewundert zu werden, Mittelpunkt zu sein, das Sagen zu haben, dominant zu sein. Sie kämpfen um Aufmerksamkeit, und um diese zu erreichen, beginnen sie Kriege mit sich selbst oder Konflikte mit anderen. Sie möchten geschätzt werden aufgrund ihrer Macht, ihrer Leistungsfähigkeit und wegen ihrer Kontrolle über die Kräfte der Natur, über andere, über sich selbst.

Obwohl rigide Strukturen kooperativ sein können, sind sie nicht unbedingt sehr vertraulich mit anderen. Sie möchten nicht die Kontrolle verlieren, aber Zärtlichkeit oder Sexualität bedeuten, die Kontrolle aufzugeben. Diese phallisch-narzisstischen und hysterisch-narzisstischen Typen sind die charmierenden Prinzen und Prinzessinnen der Welt, Krieger und Amazonen - wenn nicht in ihren Taten, so auf jeden Fall in ihrer Vorstellung und Intention. Sie mögen nicht in der Lage sein, das Erforderliche zu tun, um Kontrolle, Aufmerksamkeit und Verehrung zu gewinnen, aber dennoch bleibt es ihr Verlangen. Rigide Menschen sind von ihrer eigenen Zärtlichkeit abgetrennt. Ihre inneren und äußeren Kriege beginnen mit kulturbedingten Vorstellungen: "Ein Mann darf nicht weichherzig sein." - "Es ist eine Welt von Fressen-und-Gefressen-Werden." Das Realitätsprinzip steht im Widerstreit mit Gefühlen von Empathie oder Zärtlichkeit. Konkurrenzverhalten dominiert Kooperation, sowohl innerhalb der Familie als auch in der Liebe. Sex ist aufregend und kraftvoll, jedoch fehlt ihm die Zärtlichkeit, Weichheit und Intimität, die der Rigide eigentlich sucht.

Familien mit rigiden Strukturen bereiten ihre Kinder auf die Welt vor, indem sie ihnen beibringen, dass Liebe praktisch sein muss. Liebe als solche ist keine Realität. Sie sagen "Ich liebe dich", was soviel bedeuten kann wie: "Ich sorge für dich, ich nehme an dir Anteil, ich tausche mich mit dir aus, ich brauche dich." Sie sehen Liebe nicht als Intimität oder Bereitschaft zu Kooperation, sondern als Produkt.

Rigide Charaktere müssen sich das, was sie empfangen, erst verdienen. "Ehre deinen Vater und deine Mutter" - "Eltern wissen es am besten; eines Tages wirst du sehen, dass ich Recht habe." Liebe, Sex, Freude und Vergnügen sind an Regeln gebunden; sie müssen durch passendes Verhalten verdient werden. Rigide behaupten zum Beispiel: "Man muss spielen", sehen jedoch nicht, dass wir Menschen von Natur aus spielfreudig sind und manchmal halt arbeiten müssen.

Die Mitglieder rigider Familien leben voneinander abgegrenzt. Sie handeln getrennt, werden aber durch ein zentrales Familienmitglied zusammengehalten, es sei denn, es gibt eine Tragödie. Dann wird die Tragödie der zentrale Mittelpunkt.

Rigide Leute erfahren die Welt durch ihre Handlungen und vielleicht durch ihre Vorstellungsfähigkeit. Der Fokus liegt auf ihnen selbst, nicht auf anderen. Es gibt einen Konflikt zwischen Gefühl und Handlung oder zwischen Vorstellung und praktischer Tätigkeit.

Somatisch gesehen besteht der Konflikt darin, welche Form sie zu einem bestimmten Zeitpunkt annehmen sollen: die Form ihres individuellen Selbstes oder die Form ihres Familien-Selbstes. Eltern machen ihre Kinder verrückt, wenn sie ihnen zu viele Beschränkungen auferlegen. Die kooperativen und zärtlichen Impulse der Kinder stehen im Widerspruch zum Bedürfnis der Eltern zu dominieren und zu kontrollieren. Formbezogene Konflikte sind das Ergebnis: weich oder hart sein, vernünftig oder romantisch.

Rigide Strukturen fürchten den Misserfolg - im Unterschied zu den verdichteten Charakteren, die Verzweiflung und Niederlage fürchten. Das Ziel in einer therapeutischen Intervention mit einer verdichteten Struktur ist es, die Wolken der Verzweiflung aufzulösen. Verdichtete Charaktere können ihre Lebendigkeit nicht aufrechterhalten; sie brauchen eine stützende Struktur, um ihre Selbstzweifel zu überwinden. Ein rigider Charakter kann Erregung aufrechterhalten, aber er braucht Hilfe, um weicher zu werden und um in anderer Art und Weise handeln zu können.

Eine klinische Sicht der somatischen Charaktertypen

Das formative Prinzip ist auf alle Charaktertypen anwendbar. Jeder Leib trägt den Drang in sich, sich selbst und seine Beziehungen zur Welt zu formen. Dieser Formungsdrang kann ermutigt oder entmutigt werden. Ein Elternteil kann Hindernisse errichten, die den formativen Prozess durchkreuzen und das Kind im Zustand des Kleinkinds halten und menschliche Beziehungen einschränken.

Verformungen der Liebe können aus klinischer Sicht gruppiert werden einerseits in Borderline-Strukturen und narzisstische Strukturen, die schwach und aufgeschwollen sind, andererseits in phallisch-narzisstische Strukturen, die rigide und verdichtet sind.

Phallische und hysterische Strukturen sind überformt und überaktiv; sie haben das Bedürfnis zu dominieren und zu handeln. Sie neigen zur Hysterie. Verdichteten überformten Strukturen fehlt es an Aktivität - im Gegensatz zur Überaktivität der rigiden phallischen Typen. Kollabierte Typen charakterisiert ein Mangel an Aktivität, wogegen aufgeschwollene eine sehr leicht entflammbare Aktivität haben. Dies sind die allgemeinen Muster.

Neid und Gier sind die Verformungen der schwachen und aufgeschwollenen Typen. Neid ist das Gefühl der schwachen oder kollabierten Struktur, ein Gefühl, dass einem etwas Fehlendes geschuldet wird. Neid bedeutet, etwas zu begehren, das einem nicht gehört und das man nicht besitzt. Ein Mensch, der einen anderen beneidet, möchte in sich aufnehmen, was der Andere hat, möchte es sich durch Osmose einverleiben. Der grandiose Mensch hingegen sagt: "Mir gehört alles, ich begehre es, es ist mein, andere sind dazu da, mich zu füllen." Gier ist ein Akt der Aggression; es ist das Verlangen, sich selbst die Ressourcen eines Anderen anzueignen. Der Wunsch, in jemandem zu sein oder ihn zu imitieren und von anderen zu nehmen, ist ein normaler Teil des Entwicklungprozesses. Gefühle sind dann verformt, wenn die Lebensweise einer Person auf das Verlangen fokussiert ist, in jemandem zu leben oder von jemandem ausgefüllt zu werden.

Stolz und Eifersucht - Gefühle, verbunden mit rigiden und verdichteten überformten Strukturen - sind negative menschliche Emotionen, aber sie stehen dem formativen Prozess nicht entgegen. Menschen dieses Typus sind ärgerlich, weil ihnen nicht erlaubt war, eine menschliche Beziehung zu formen.

Verdichtete Typen empfinden sich als kompakt und sehen sich selbst als Märtyrer; rigide Typen empfinden sich als hart und aggressiv und sehen sich selbst als Realisten und Kämpfer. Poröse Typen fühlen sich schwach und ohne Substanz, sie identifizieren sich mit Hilflosigkeit. Aufgeschwollene Typen dagegen fühlen sich entflammt, aufgebläht und sehen sich selbst als wichtig, besonders und groß. Mit diesen somatischen Gefühlen formen sich die verschiedenen Typen zu: Opfern, Konkurrenten, Helfern oder Zentren der Aufmerksamkeit. Wenn diese Verhaltensmuster in der Therapie restrukturiert werden, dann spüren rigide Menschen ihren Mangel an Zärtlichkeit sowie ihre Furcht, die daher rührt, dass sie nicht die Kontrolle ausüben können. Verdichtete Menschen spüren ihre Kompaktheit und Explosivität; aufgeschwollene jenen Mangel an Form, die sie bräuchten, um zu handeln. Poröse spüren, wie sie versuchen, von anderen etwas zu entleihen. Jede dieser somatischen Situationen eröffnet die Möglichkeit, die Art und Weise zu re-formieren, das heißt neu zu formen, in der das somatische Selbst verkörpert ist - jedenfalls bis zu einem gewissen Grade. Poröse können lernen, sich mehr Form zu geben, Aufgeschwollene ein Gefäß zu organisieren, Rigide weicher zu werden und Verdichtete zu expandieren.

Eine Verformung der Liebe führt zum Zusammenbruch der Fähigkeit zu geben oder zu empfangen. Jede der somatisch-emotionalen Strukturen - rigide, verdichtete, aufgeschwollene, poröse - spiegelt einen bestimmten Typus verformten Gebens und Empfangens wider. Rigide äußern Liebe mit Genuss, mit Aktivität und mit einer den Regeln entsprechenden Leistung. Ihre Aktivität dominiert andere und hält sie dabei auf Distanz. Die andern werden von der Aktivität und Strenge des rigiden Typus zermürbt. Jene, die eine Beziehung zu einem rigiden Menschen eingehen, fühlen sich unzulänglich, unterdrückt, zu Dank verpflichtet und dabei unfähig zum Protest. Das, was sie dann zurückgeben, wird entweder nicht erkannt oder als ungenügend betrachtet.

Rigide Menschen suchen als Antwort Bewunderung, und sie weisen Zärtlichkeit, Weichheit und Empfänglichkeit zurück. Dem Anderen gestatten sie nicht, in sie hereinzukommen. Geben wird zu einem Wettstreit und nicht zu einem Austausch. Solange der Empfangende den Gebenden nicht übertreffen darf, muss er der Aktivität des Gebenden folgen oder sich gegen sie verhärten. Die rigide Art zu lieben besteht darin, etwas für andere zu tun. Getrennt zu sein bedeutet Schmerz.

Die verdichtete Art zu geben und zu empfangen besteht in einer ambivalenten Ausweitung mit nachfolgendem Zurückhalten, in Hineinpressen und Hinauspressen. Der Empfangende fühlt sich durch die fehlende Antwort entweder im Stich gelassen oder er bleibt passiv in der Hoffnung auf eine Reaktion. Der Empfangende empfindet die Undurchdringbarkeit des Gebenden entweder als Zurückweisung, als Missbilligung oder als Anweisung, kleiner zu werden oder nicht zur Last zu fallen. Um den verdichteten Typus zum Geben zu provozieren, kann ein Empfangender mit entflammter Erregung reagieren, rigide werden oder sich seinerseits verdichten, um Einsamkeit und Erregung abzuwehren. Eine andere Art und Weise, wie verdichtete Typen geben, geschieht durch Eruption und Explosion. Diese überwältigen den Empfangenden, der dadurch seine Form verliert, entflammt oder schwach wird. Verdichtete halten zurück, zögern, werden still oder sind eruptiv - das ist ihre Art und Weise, Liebe zu geben. Werden sie überwältigt, reagieren sie resigniert, oder sie verschwinden von der Bildfläche - auch das ist eine Art, Liebe zu empfangen. Diese Dynamik führt zu einem Mangel an Vertrauen und einem geschwächten Gefühl davon, wer sie selbst sind. Liebe wird zu Pflicht und Dienst - in der sehnsüchtigen Hoffnung auf irgendeine Form von Anerkennung.

Die Liebe, die aufgeschwollene Menschen entwickeln, kann aufdringlich und kannibalisch sein oder schmeichelnd, verehrend, inspirierend. Andere fühlen sich überwältigt. Aufgeschwollene Menschen gehen in andere hinein, um sich eines Teils von sich selbst, dem sie kein Gefäß geben können, zu entledigen. Sie erreichen es, dass der Andere zum Träger ihrer Interessen wird und überfluten ihn mit ihrer ungefassten Erregung. Die Passivität des Aufgeschwollenen verführt andere dazu zu glauben, er verlange nach ihnen, während er in Wirklichkeit dabei ist, sich in ihnen einzu-

Verformungen der Liebe

Bindungs-Typus	Stadium der Liebe	Somatische Kategorie	Psychologische Kategorie	Gefühle
Innen	Fürsorge erfahren, Säugling, Kleinkind	schwach	schizophren borderline	benachteiligt unzulänglich neidisch, hungrig bedürftig
Abhängig aneinander gebunden	Anteilnahme erfahren, aufgeschwollen älteres Kind oder ungeformter Erwachsener		borderline oral-abhängig narzistisch besonders	wertlos gierig unsicher
Getrennt	Sich austauschen Intimität erfahren Jugendlicher oder unreifer Erwachsener	verdichtet	passiv-feminin gescheiterter phallischer Typus	besiegt eifersüchtig beschämt
Verbunden	Kooperieren etwas gemeinsam tun, Erwachsener	rigide	hysterisch phallisch-aggressiv phallisch-narzistisch	stolz furchtsam kontrollierend ärgerlich

nisten. Der Empfangende wird vernichtet, wird zu einem Speicherbehälter für das, was der aufgeschwollene Typus nicht halten kann. Geben wird verwechselt mit Fortgeschwemmt-Werden oder damit, Erregung auszustoßen. Empfangen bedeutet verschlungen zu werden und sich dabei den Anderen anzuzeigen. Liebe heißt, im Anderen oder als der Andere zu leben, sie führt zu Verschmelzung, Einssein mit jemandem; es ist ein Fließen ohne Gezeitenwechsel. Das Pulsieren von Geben und Empfangen des Aufgeschwollenen ist das eines Schwamms, der gedrückt werden muss, ein Leib, in den der Andere hinein verschmelzen soll.

Schwache Typen zeigen ihre Liebe, indem sie jemandem anhängen. Sie greifen nur dann aus, wenn sie ermutigt werden. Sie werden nur dann weicher und geben nach, wenn sie durch jemanden angeregt werden. Dieses Nachgeben erscheint als sanftes, aber es fehlt ihm an Intensität und Konsistenz; es nimmt schnell ab, und es scheint ihm ein Pulsschlag zu fehlen. Beim Anderen kommt dies so an, als ob wenig Hinwendung geschehen sei, es gibt keine Resonanz in ihm, und seine Antwort scheint bedeutungslos zu sein. Schwache Strukturen drücken Liebe durch übertriebene Wertschätzung aus. Intimität wird ein Weg, andere in sich aufzunehmen, aber ihrerseits haben sie sehr wenig anzubieten. Ihr Puls von Geben und Empfangen ist: Form gefolgt von Kollaps - Präsenz gefolgt von Verschwinden.

Die Formative Therapie verfügt über kein Modell, dem Leute nachstreben sollen. Es geht vielmehr darum, dass sie mit sich selbst arbeiten, um neue Lebensgeschichten einzukörpern, die aus den angeborenen Mustern stammen: die des Jugendlichen, des Erwachsenen, des Gereiften. Der Grundkonflikt liegt in dem, was dabei ist, Form zu gewinnen oder Form zu verlieren, was dabei ist, sich zu reorganisieren, oder was versucht, in Erscheinung zu treten. In diesem Prozess kann es sich um ältere Formen handeln, die mit neueren im Konflikt liegen. Dies gilt für alle, für Kinder, Erwachsene und alte Menschen.

Fallgeschichten

Von welcher philosophischen Basis aus versucht ein Therapeut einen Menschen, der seine Hilfe sucht, zu verstehen? Aus welchem Blickwinkel heraus versuchen Leute sich in ihrem persönlichen Wachstum zu helfen und dabei immer mehr sie selbst zu werden? Traditionsgemäß hat sich die Psychologie mit Seelen- und Ego-Zuständen, mit verformten Gefühlen, mit Bildern und Ideen befasst, unverbunden mit physischen Zuständen. Es ist der Leib, der die Quelle von Verletzungen und Enttäuschungen ist, und im Zentrum des klinischen Interesses steht das verkörperte Selbst.

Aus meiner Sicht liegen Konflikte in somatischen Mustern begründet, die in Situationen der Zuneigung geformt wurden. Innerhalb der Familie entwickeln wir - oder entwickeln wir nicht - die grundlegenden somatischen Zuneigungs- und Bindungsmuster. Sind diese Leibmuster einmal missbraucht und verformt, so ist es schwer, Zuneigung, sexuelle Selbstbestimmung und Intimität spontan neu zu organisieren. Die einmal etablierten Strukturen von Intimität und Nähe zu anderen tendieren dazu, sich selbst zu wiederholen und somit weiterzuwirken.

Die traditionelle Therapie sieht in Verformungen von Liebe Widerstände gegen instinktbezogene Intimität, und sie behandelt folglich weiterhin verklemmte oder spastische Persönlichkeitstypen - rigide, phallische, hysterische, passiv-aggressive, paranoide und zwanghafte. Sie erkennt nicht, dass Gefühle und Bedürfnisse Handlungsmuster sind, und diese sind in der Tat eine Angelegenheit des Geistes. Das Gehirn ist ein Organ, das Erfahrung gestaltet und Handlungsmuster vollendet. Die meisten Amerikaner sind heute nur noch selten Opfer repressiver äußerer Zwänge wie sie etwa Armut und autoritäre Eltern darstellen. Frei von größeren Hemmungen der emotionalen und instinkthaften Impulse leiden die Menschen in zunehmendem Maße unter fehlenden Grenzen. Mit größerer Wahrscheinlichkeit haben sie eine unreife somatische Persönlichkeit - sind sie aufgeblähte, narzisstische, ungeformte Erwachsene. Sie können von Leistungsbildern beherrscht sein oder von Ausbrüchen elementarer Impulse, die sie nicht in sich halten können.

In einer repressiven Kultur beklagen sich die Hilfesuchenden über sexuelle Verbote, über fehlende eigene Ausdrucksmöglichkeiten und über gesellschaftliche geschlechts- oder klassenbedingte Zwänge. In einem permissiven Wohlstandsmilieu hört ein Therapeut andere Klagen: Unfähigkeit zu fühlen, Mangel an Engagement, Sinnleere, den Widerspruch zwischen gesellschaftlichem Leistungserfolg und innerer Befriedigung sowie Probleme von Unreife.

Alle emotionalen Probleme, ganz gleich welcher Art, haben reale muskuläre Muster und Handlungen als Grundlage. Diese Muster liegen im Fokus somatischer Therapie. Bewegungsmuster bauen ein Selbstbild auf und halten es aufrecht. Die Sinnesempfindungen, Gefühle und propiozeptiven Systeme senden uns eine Vielzahl von Wahrnehmungen zurück, die uns sagen, wer wir sind und wie wir zu handeln haben.

Erfahren die Hilfesuchenden während einer somatischen Therapie, wie sie sich gegen Liebe und Nähe wehren - indem sie z.B. Druck auf ihren Kopf, ihre Brust oder ihr Becken ausüben -, dann kann dies für sie der Anfang sein, diese Muster zu desorganisieren. Dieses Desorganisieren lässt einen Reichtum an somatischen Bildern, Empfindungen, Gefühlen und Bewegungen entstehen und erzeugt zellgewebetiefe Freude und Befriedigung.

Anmerkungen zur Arbeitsmethode

Um einen Menschen erfahren zu lassen, wie er somatisch funktioniert, und um seine Struktur verändern zu können, wende ich eine somatisch-emotionale Methode an, die "Wie-Übung" genannt.
Diese Übung macht sich die Fähigkeit des Gehirns zu Nutze, makro- und mikro-muskuläre Muster, die einen Ausdruck steuern und persönlich machen, zu verändern. Eine elementare Funktion des Gehirns besteht darin, Handlungsmuster zu kreieren, und es bewirkt dies durch Steuerung der Organpulsation und des Tonus der willkürlichen und der unwillkürlichen Muskulatur. Durch den Aufbau von Muskelspannung und -umfang erzeugt das Gehirn emotionale Gebärden sowie emotionalen Ausdruck und damit Identität. Indem wir uns diese willentliche Fähigkeit des Gehirns zu Nutze machen, können wir damit beginnen, die Erfüllung unserer Bedürfnisse zu definieren und zu beeinflussen. Unsere angeborenen und erlernten Handlungsmuster können verändert werden, so dass die Art und Weise, wie wir uns verhalten, um Erfüllung zu erlangen, neu geformt wird. Wenn wir damit beginnen, unsere organisierten Muster zu definieren und zu erkennen, dann können wir die Weise beeinflussen, wie wir auf unser Verlangen und unsere Gefühle einwirken.

Wenn ich jemanden bitte, eine Faust zu machen, dann führt er willentlich ein angeborenes Muster aus. Das Schließen der Hand, um eine Faust zu machen, ermöglicht es, die Faust wieder zu desorganisieren und die Hand zu öffnen. Auf diese Weise führt er eine angeborene Handlung bewusst aus und bestimmt sie dadurch näher. Dies ist die Basis der "Wie-Übung". Über diese Methode kann eine persönliche somatische Realität organisiert werden.

Die Möglichkeit des Gehirns zu willentlicher Einflussnahme wirkt auf unsere sozialen Haltungen sowie die instinkthaften Reaktionsmuster ein. Die Wie-Übung macht sich diese angeborene

Funktionsweise zu Nutze, die ein wesentlicher Teil unserer Selbststeuerung ist. Sie ist das Herzstück unseres Liebeslebens.

Als somatisch-emotionale Methode zielt die Wie-Übung darauf ab:

1. unsere Körpererregung zu erfahren, sie lebendiger und bewusst verfügbar zu machen;

2. vergangene Gefühlszustände zu erfahren und neue Möglichkeiten für ein persönliches Selbst einzuüben, das Zärtlichkeit und Fürsorglichkeit äußern kann;

3. die Art und Weise zu beeinflussen, wie wir geben und empfangen und Intimität zeigen können;

4. einen inneren Dialog zwischen unserem Gefühl und unserer Fähigkeit zu handeln zu formen, um so unsere tiefsten Wünsche zum Ausdruck zu bringen.

Die Wie-Methode besteht aus fünf Schritten. Die Schritte zwei und drei werden "Akkordeon" genannt, und sie haben die Dramatisierung der Erfahrung unseres verborgenen emotionalen Leibes zum Ziel.

Schritt eins betrifft das, was gegeben ist, und zwar den somatischen Ausdruck unseres emotionalen Gefühlszustands. Es betrifft unsere momentane Situation. Dort beginnen wir, und zwar mit dem, was ist. Über die Wie-Methode werden wir damit vertraut, wie wir von unserem inneren und äußeren Leib Gebrauch machen.

In **Schritt zwei** intensivieren wir physisch das herausgefundene emotionale Muster von Schritt eins. Wir stellen fest, was immer auch da sein mag, indem wir es intensiver tun und den Muskeltonus steigern. Dies ist ein willentlicher Akt, der die emotionale Haltung verstärkt und der so die Amplitude der somatisch-emotionalen Organisation erweitert. Neigen wir zum Beispiel dazu, die Brust kompakter zu machen, um unser Herz zu schützen, und verstärken wir dann diese Kontraktion, so können wir genauer spüren, was wir unbewusst tun und fühlen. Wir beginnen damit, eine unmittelbare Erfahrung davon zu bekommen, wie wir unseren unbewussten Ausdruck organisieren. Dann lernen wir, dass wir willentlich auch eine mentale Haltung organisieren können; wir bekommen ein gewisses Gefühl dafür, was es heißen kann, unser eigener Meister zu sein.

In **Schritt drei** bauen wir Schritt zwei ab - wir organisieren weniger Kontraktion, weniger Intensität der somatisch-emotionalen Verfassung. Wir bauen die Kontraktion der Körperhaltung nach und nach, Schritt für Schritt ab. Dieses Abbauen bedeutet nicht "Loslassen" oder "Entspannen". Das Abbauen ist ein gesteuerter, willentlicher Akt und soll als ein solcher erfahren werden.
Wir entwickeln die Fähigkeit, auf ein Verhalten einzuwirken, das wir unbewusst hervorgebracht haben. Auch ist das Abbauen ein innerer Dialog zwischen dem unbewussten und dem bewussten Körper.

Schritt vier ist ein innerer Ort und eine Ebene, in der neue Rollen und Ausdrucksformen ausgebrütet werden. In Schritt vier warten wir auf unsere eigenen Reaktionen.
In diesem Stadium sind wir ungeformt und verwundbar und weniger handlungsbereit.

Schritt fünf ist das Neuformen eines persönlichen Selbstes, indem wir Lösungen von Konflikten in der sozialen Welt einüben. Hier lernen wir, etwas von uns selbst zu geben und neue Gefühle zu verkörpern.

Die Schritte der Wie-Übung lehren uns, wie wir in den Lebenssituationen, in denen wir uns befinden, mit unseren Gefühlen arbeiten können. Das Akkordeon, nämlich die Schritte zwei und drei - unsere Handlungen zu intensivieren und zu de-intensivieren - gibt uns die Fähigkeit, unseren Bewegungsfluss schrittweise 'einfrieren', desorganisieren und neu formen zu können. In dieser Praxis lernen und entwickeln wir einen inneren somatischen Dialog darüber, wie wir lieben werden.

Die Praxis der Wie-Übung ist in ihren einzelnen Phasen eine bewusste Wiederholung des unbewussten Verkörperungsprozesses. In der Wie-Übung dienen die Schritte zwei und fünf dem Geben und Präsent-sein, Schritte drei und vier dem Empfangen.

Martha Graham schrieb, dass wir durch Übung lernen - sei es zu tanzen, sei es zu leben. Das Durchführen einer Anzahl von Handlungen wird zu einem großen Werk. Geben und Empfangen erfordert ebenfalls Praxis. Diese Praxis formt unseren Körper, formt die Muster, wie wir lieben.

Lars

Lars war ein Mann wie ein Baum, kräftig und fortwährend in Bewegung. Er wiegte sich hin und her. Ständig schwankend, brachte er es dennoch fertig, wie eingepflanzt am selben Platz zu bleiben. Er kam in einen Raum wie ein Fußballspieler, der auf den Fußballplatz läuft. Er war ein großer Mann, ein Mesomorpher, immer bereit zu handeln, selbst wenn keine Aktion nötig war. Sein schlaksiger, kompakter und verdichteter Körper besaß lange Arme, einen kurzen, quadratischen Rumpf und einen straff gespannten Unterleib. Sein aufwärts gerichtetes Becken auf langen Beinen verlieh ihm die Pose eines Kriegers. Zwischen Empathie und kämpferischem Wettkampf, zwischen Fürsorglichkeit und Ausbeutung, Grandiosität und Minderwertigkeit schwang er hin und her.

Lars fühlte sich bedroht, wenn er nicht der Mittelpunkt der Aufmerksamkeit war. Verloren andere das Interesse an ihm, fühlte er sich verlassen und isoliert. Er handelte, um auf sich aufmerksam zu machen, indem er das Bild eines großen Mannes erzeugte, von einem, der interessant war.

Als wir zusammen arbeiteten, wollte Lars mit mir verschmelzen, durch besondere Ehrerbietung und dadurch, dass er mich besonders wichtig machte. Er bat mich, ihm zu sagen, was alles bedeutete. Seine Unsicherheit war bei einem so starken und sicher erscheinenden Mann ein Paradox. Er sagte mir immer wieder, wie gut ich mit seinen Problemen arbeitete und wie depressiv und verwirrt er war. Er versuchte, mich dadurch groß zu machen, dass er sich klein machte.

Lars drückte seinen Oberkörper in sein Becken, als ob er zu schrumpfen versuchte. Diese Haltung von Schrumpfen war ein Weg, seinen Vater zu idealisieren. Er machte sich selbst klein, damit sein Vater groß sein konnte. Lars fühlte sich unbedeutend; unterwürfig zu sein, war seine Rolle. Die Körperhaltung der Einschmeichelung durch Schrumpfen war die Körperhaltung einer Bindung 'klein - groß'. Lars glaubte, Fürsorge und Liebe dadurch zu zeigen, dass er sich klein machte.

Lars verleugnete sein eigenes Erwachsensein, indem er seinen Nacken zusammenzog und so eine steife folgsame Haltung aufbaute. Sein Kopf saß auf einer eingesunkenen Brust, die sich nicht aufblähen konnte. Er wollte, dass andere seine Ehrerbietung mit Anteilnahme, Wertschätzung und mit Interesse beantworteten.

Lars suchte danach, umsorgt zu werden, und zwar so, dass er durch Schmeichelei und falsche Großzügigkeit andere zum Mittelpunkt der Aufmerksamkeit machte. Sein Muster war es, eine Bindung durch vorgetäuschte Anteilnahme und Interesse zu knüpfen. Diese Bindung formte er mittels Leisten und Dienen. Gelang es ihm nicht, die Aufmerksamkeit zu gewinnen, war er enttäuscht, depressiv und empfand sich selbst als Versager.

Lars' kräftiger Körper gab ihm die Möglichkeit, sich physisch einzusetzen. Er gebrauchte seine Kraft, um eine Beziehung zu anderen aufzubauen. Indem er für sie etwas tat, versuchte er eine emotionale Bindung aufzubauen. Durch seine Leistungen wollte er deren Zuneigung gewinnen, jedoch empfand er auch Groll, weil er dienen musste. Dies war der einzige ihm bekannte Weg, wie er sich selbst einsetzen konnte, um Beziehungen zu haben. Sein Vater sorgte für ihn, indem er ihm ein Dach über dem Kopf, Essen und eine unsichtbare Anwesenheit gewährte. Er war nicht wirklich an Lars interessiert und wollte sich nicht in eine gemeinsame Tätigkeit mit ihm einlassen. Die Mutter empfand Scheu und Furcht vor dem Vater-Ehemann und kam seinem Wunsch nach, ihn zu idealisieren. Er war der erste, der umsorgt und auf den reagiert wurde. War der Vater nicht da, schenkte die Mutter Lars ihre Aufmerksamkeit, ließ ihn jedoch im Stich, sobald der Vater wieder erschien.

Lars formte Beziehungen, bei denen er außerhalb der Gemeinschaften und der Familien anderer blieb. Er hielt an diesen Außenseiterpositionen fest und sehnte sich gleichzeitig danach, hinein zu kommen. Es gehörte zu seinem Stil, zu viel zu tun und überaktiv zu sein. Seine Gefühle spielten keine Rolle, solange er anerkannt war und die anderen seine Verbundenheit spürten. Dieses dienende Verhalten, das unbewusst erniedrigend war, diente dazu, Gefühle von Verzweiflung und Wertlosigkeit, die von seinen somatischen Mustern des Schrumpfens herrührten, zu lindern. Zusätzlich erreichte er ein Gefühl der Zugehörigkeit und eine innere somatische Struktur, die jedoch voller Leiden war. Ein Gefühl der Unzulänglichkeit war seine somatische Realität.

Seine verdichtete äußere pseudo-erwachsene Struktur stützte seine innere Unreife und Tiefe in einem kleinen Körper. Er war davon besessen, einerseits so zu handeln, als sei er das, was sein Vater von ihm wollte, das heißt unbedeutend, und andererseits so zu handeln, als sei er wie sein Vater, das heißt bedeutend.

Lars war ein verdichteter Mensch mit einem ungeformten, aufgeschwollenen, aufgeblähten persönlichen Selbst. Er war einerseits aufdringlich und andererseits einverleibend - seine Art, ein Innen zu haben. Diese Muster entstanden aus der Art und Weise seiner Familie, für andere zu sorgen und an ihnen Anteil zu nehmen. Ein sozialer Idealismus zeichnete sie aus, sie hatten etwas Interesse für die menschlichen Bedingungen, aber nicht aus einem persönlichen Interesse an anderen Menschen heraus oder aus Intimität mit ihnen. Von Lars wurden Leistung und Nacheifern erwartet. Seine Eltern zogen ihn groß, und er verband damit das Gefühl, sie immer zu enttäuschen und eine Last für sie zu sein.

Lars fühlte sich unerwünscht, nicht anerkannt und ohne Bestätigung. Er lebte als Außenseiter, als hätte er keine körperliche oder emotionale Existenz. Weder er noch sein Vater oder seine Mutter besaßen eine Existenz als Körper. Sie bestanden nur aus Ideen - Kontakt gab es nicht. Das führte zu der Erfahrung von Lars von sich selbst als jemandem ohne Körper. Er hungerte nach der emotionalen Bestätigung, dazuzugehören. Er fühlte sich isoliert, denn er wusste, dass in seiner Familie nur der Vater der Mittelpunkt der Aufmerksamkeit war.

Das Dilemma von Lars rührte also von einer Familie her, die zwar für ihn sorgte, jedoch keinen Anteil an ihm nahm, sich nicht mit ihm austauschte, und in der es absolut keine erinnerte Intimität gab, noch kooperative Abenteuer, wie zum Beispiel Familienferien. Lars war ein Mensch mit dem Körper, dem Verstand und den Fähigkeiten, um einen Erwachsenen imitieren zu können. Er hatte eine Art adäquaten äußeren sozialen Körper entwickelt, aber innen existierte kein persönliches Selbst. Er war ein Mensch mit zu wenig Form. Er war darauf angewiesen zu gefallen, andere auszunutzen oder anderen zu dienen. Dieses demütigende Muster von Dienen war durch die mangelnde Anteilnahme, die ihm entgegengebracht worden war, geformt worden. Von ihm wurde erwartet, das Familienoberhaupt zu umsorgen und ihm zu gefallen.

In der Arbeit mit Lars fing ich an, seine Verdichtung abzubauen, seinen Schutz davor, benutzt zu werden. Zwischen uns tauchte ein Feld der Erregung auf, ein Pulsieren von Gefühlen und Gedanken, die ich ihm spiegelte. Seine verkörperten Reaktionen erlaubten es ihm, seine Verhaltensmuster "groß - klein" abzubauen. Während er sich neu verkörperte, bekräftigte er seinen machtvollen mesomorphen Körper und seinen angeborenen Drang zu kooperieren. Seiner Furcht und seiner Unkenntnis von Intimität trat er dabei entgegen. Er lernte zu verstehen, dass sein genetisches Erbe, seine Fähigkeit zu handeln, durch die Gleichgültigkeit seines Vaters untergraben worden war.

Als er Schritt für Schritt seine Verdichtung und seine verborgene Selbst-Zentriertheit abbaute, erkannte Lars, dass seine Familie Intimität oder kooperative Bemühungen nicht verkörpern konnte. Sie wusste zwar, wie sie eine soziale Form aufrechterhalten, nicht aber, wie sie eine somatisch-emotionale Identität wachsen lassen konnte. Ich nahm seine äußere verdichtete erwachsene Form wahr als einen Versuch, erwachsene Belohnungen zu erlangen, jedoch ohne die geringste Verbindung zu körperlicher Intimität - und Lars erlebte es auch so.

In dem Maße, in dem das Feld zwischen uns sich vertiefte, organisierte Lars sein eigenes Gefühl. Dies gab ihm eine körperliche Erfahrung seines eigenen Inneren und eine klarere Erfahrung seines Wertes. Die Entwicklung einer Beziehung mit mir erlaubte es ihm, getrennt zu sein und gleichzeitig zu kooperieren, und zwar derart, dass er nicht nur seine Identität formte, sondern darüber hinaus auch ein kooperatives Unternehmen: Die Arbeit, eine erwachsene Beziehung mit mir zu formen, führte dazu, eine solche Beziehung auch mit anderen aufzubauen. Er erkannte dann, dass alle seine anderen Beziehungen deshalb fehlgeschlagen waren, weil er nicht wirkliche Anteilnahme oder ein Gefühl von Intimität mit anderen formen konnte. Der Austausch über kleine Bereiche meines Lebens mit ihm sowie meine direkten Antworten auf ihn gaben Lars den fehlenden Teil jenes Prozesses gemeinsamen Austausches. Indem sein verborgenes Selbst eine somatische Gestalt zu formen begann, lernte Lars das Wesentliche über Anteilnahme und den Austausch über seine innere subjektive Form - die Basis von Liebe.

Hannah

Hannah stammte aus einer religiös-repressiven Familie, in der Selbstaufopferung und Gehorsam der Maßstab der Liebe waren. Ihr Vater war ein mesomorpher, dominierender, rigider Mensch - buchstäblich ein "Lebe-nach-den-Regeln" Mann. Er nötigte anderen Gehorsam und Aufmerksamkeit durch Schweigen ab, und ließ damit die andern auf seine nächste Forderung warten. Sein Schweigen flößte Hannah Furcht ein. Er befahl, er fragte nicht. Kontakt stellte er durch Herrschen her. Seine Art und Weise, Fürsorge, Anteilnahme und Intimität zu zeigen, bestand darin, die Regeln des Überlebens und die Gemeinschaftswerte durchzusetzen.

Hannah war das erste von drei Kindern. Ihr Konstitutionstypus war eine Kombination aus Mesomorph und Ektomorph. Sie war groß, schmal und vierkantförmig von Gestalt. Sie besaß einen runden Kopf mit enormen Spannungen in Kinn, Nacken, Kehle, Brustkorb und Beinen. Sie machte den Eindruck, entschieden zu sein, war aber in Wirklichkeit fragmentiert und ging gleichzeitig in zwei oder drei Richtungen. Liebe war für sie Arbeit, Anstrengung, Aufopferung. Sie hatte eine ektomorphe Neigung, auf der Hut zu sein und zu dienen. Ihr konstitutionelles Erbe wurde durch ihr unaufhörliches Achten auf andere verformt.

Ektomorphe leben mit einer Flut von Empfindungen, denen sie auf der Oberfläche ihres Leibes einen Behälter zu geben versuchen. Erregung in den Eingeweiden kann für sie besonders bedrohlich sein, so dass sie sie hemmen oder verleugnen. Diese Kombination von Oberflächenerregung und Innenhemmung macht es ihnen schwer, für andere zu sorgen, und macht es anderen leicht, sie zu vereinnahmen.

Durch ihre ektomorphe Konstitution war Hannah dazu veranlagt, somatisch porös zu sein. Ein Gefühl für ihren eigenen Körper konnte sie dann erlangen, wenn sie an die Spannungen und Grenzen anderer Leute stieß. Ihrerseits gab sie anderen Einsichten in sich selbst und ein Gefühl, mit jemandem von innen her zusammen zu sein.

Hannahs Gebaren von Redlichkeit stand im Widerspruch zu ihrer schlaffen und unkontrollierten Art zu gehen. Sie war fragil und wirkte schwach; ihre Zurückhaltung konnte nicht ihre Schwäche und Abhängigkeit verbergen. Kompensiert wurde diese Porösität von rigiden Knochen und einem großäugigen ungerichteten Blick. Sie hatte das Bedürfnis, ihre Augen auf jemanden zu heften. Dabei befürchtete sie, dass ein abschweifender Blick vom anderen als ein Mangel an Interesse verstanden oder von ihr selbst als ein Kontakt- und Richtungsverlust erfahren werden würde. Ihr Bedürfnis, den Anderen zu fixieren, diente dazu, Erregung zu beseitigen und einen Kontakt zum Anderen herzustellen, ohne die Kontrolle aufzugeben. Diese hielt sie durch eine zwanghafte Aufmerksamkeit für Einzelheiten aufrecht. Sie organisierte Kontrolle, indem sie die Muskeln der Finger, der Zehen, der Kehle und des Gesäßes stark anspannte. Die gesamte Spannung in ihrem Oberkörper war ein Versuch, sich anzuklammern. Diese ihre Aktivität diente ganz wesentlich dazu, Einsamkeit zu vermeiden. Dies wurde in ihrem übertriebenen Bedürfnis, andere glücklich zu machen, deutlich. Fürsorge, Anteilnahme und Aufopferung zeigte sie, indem sie aufmerksam war.

Hannah erkannte, dass sie wie ihre Mutter war, die unablässig Unterstützung von anderen verlangte, indem sie sie dazu veranlasste, ihr Innen zu sein. Um Hannah von sich abhängig zu machen, hatte sie diese einverleibt. Das invasive Verhalten der Mutter löste in Hannah die Furcht aus, sie könnte jemandes Besitz werden.

Hannah spürte, dass sie den Ansprüchen ihres Vaters mit seiner mesomorphen Körperkraft nicht entsprechen konnte. Durch seine übertriebenen Ansprüche zu handeln, Fußmärsche zu machen oder zu arbeiten wurde ihre Fähigkeit, aufmerksam zu sein, geschwächt. Über ihren Mangel an Vitalität war ihr Vater enttäuscht. Da die Mutter ihrem Mann weder Unterstützung noch Anteilnahme geben konnte, wurde diese Rolle Hannah übertragen, und Hannah wurde gleichsam die Gefährtin ihres Vaters. Ihr Dilemma war es, wie sie für andere sorgen konnte und zugleich für ihren eigenen persönlichen Erwachsenen. Sie wurde als Ausgleich für den schwachen rigiden Körper ihrer Mutter benutzt und für deren Mangel an Körperlichkeit.

Ihre Mutter versuchte, die eigenen Unzulänglichkeitsgefühle dadurch zu beseitigen, dass sie ihre Tochter dazu brachte, an ihrer Stelle etwas gegen diese Gefühle zu unternehmen. Auf diese Art und Weise benutzte die Mutter Hannah, als ob sie ihr eigener Körper sei. Sie missbrauchte sie als Vertraute des Vaters. Die Mutter bestand darauf, dass Hannah für ihren Ehemann Aufgaben verrichtete, so zum Beispiel, ihm Gesellschaft zu leisten. Dargestellt wurden diese Aktivitäten, als geschähen sie zu Hannahs Wohl. Tatsächlich jedoch sorgte Hannah hierbei für ihre Mutter und hielt die Familie dadurch zusammen, dass sie ihre Aufmerksamkeit auf deren Ehemann richtete. Die Mutter verkehrte so das Bedürfnis des jungen Erwachsenen, sich auszutauschen, in einen Akt des Dienens.

Hannahs Steifheit war ihr Versuch, die sich aufdrängende Vitalität ihres Vaters und das Eindringen ihrer Mutter abzuwehren. Steifheit gab ihr außerdem eine Form, um getrennt und in gewissem Maße unabhängig sein zu können. Zu lieben oder geliebt zu werden bedeuteten Aufopferung, Dienen, Geben, Wertschätzung zeigen und in Gesellschaft zu sein. Hannah hatte nicht die geringste Vorstellung davon, dass jemand an ihren Interessen Anteil nehmen oder sich um ihre intellektuellen Bedürfnisse kümmern könnte. Sie sehnte sich nach Zärtlichkeit und Anerkennung. Nähe vermied sie aus Furcht, in die Falle der Bedürfnisse eines anderen zu gehen. Sie hegte romantische Illusionen, von einer geheimen Person entdeckt und gerettet zu werden. Ihre Phantasien über Kontakt waren ein Sehnen nach dem Gefühl, erkannt zu werden. Ihre Neigung, anderen dienstbar zu sein, stellte ihr Liebesleben auf eine harte Probe. Ihr geheimer Wunsch nach Anerkennung erfüllte sie mit einem Groll, der fast zum Ende ihrer Ehe geführt hätte. Ihre Unzufriedenheit war die einer ungeformten Jugendlichen, die sich selbst nicht mit Genuss geben, sondern nur dienen konnte und die nicht ohne ein Gefühl von Pflicht und Schuld empfangen konnte.

Im Laufe ihrer somatischen Arbeit baute Hannah ihre Muster des Sich-Anklammern und Sich-dabei-Herabsetzens ab. Sie begann zu erfahren, dass Geben und Empfangen und sogar Nehmen nicht unbedingt eine Pflicht sein müssen. Kontakt wurde ein Puls von Nähe und Distanz. Ihre mesomorphe Seite konnte zu ihrem eigenen Nutzen eingesetzt werden. Dies gab ihr Freude in Unternehmungen sowohl für sich allein als auch gemeinsam mit anderen. Teilen konnte sie dies mit ihrem Mann und ihren Kindern, ohne Furcht, überwältigt oder ausgenutzt zu werden.

In dem Maße, in dem Hannah ihre Steifheit umorganisierte, formte ein innerer Puls eine zusammenhängende Schicht, die sie in einer fühlbaren Weise zusammenhielt. Ihre somatische Form begann von einer Wärme aus den Eingeweiden zu stammen und nicht aus einer Hyperaktivität. Sie konnte sowohl getrennt sein als auch zärtlich. Sie konnte die Belange und die Wärme anderer einkörpern als etwas, an dem beide Menschen Anteil nahmen. Sie begann damit eine getrennte, unabhängige und doch verbundene Form der Existenz zu erfahren.

In der Arbeit mit Hannah durfte ich sie nicht meinen Erwachsenen sein lassen. Ich stoppte ihre Versuche, mir zu gefallen und unterstützte stattdessen ihre ektomorphe Art und Weise, Fürsorge zu zeigen. Sie war voller Aufmerksamkeit für unsere gemeinsame Arbeit, und das gab ihr eine Struktur. Ihre aufmerksame und forschende Einstellung verlieh ihr eine erwachsenere Leibform.

Hannah machte urprünglich Kontakt in kurzen Ausbrüchen von Aufmerksamkeit. Einen Kontakt hielt sie kurz, aber intensiv aufrecht. Intimität stellte sie her, indem sie etwas von sich mit anderen austauschte und indem sie an deren Anliegen Anteil nahm. Als wir weiter somatisch arbeiteten, konnte sie einen anderen näher kommen lassen, konnte andere begleiten und mit ihnen in stärkerer physischer Präsenz anwesend sein. Diese Möglichkeiten von Kontakt förderten ihr mesomorphes Selbst.

Ihre konstitutionell ererbte Erwachsene war eine geborene Sammlerin von Eindrücken und Empfindungen. Diese formte sie in eine bestimmte Handlungsgestalt, die für sie Sinn machte. Aus dieser ergab sich eine ursprüngliche Form, Beziehung einzugehen. Von Natur aus investierte sie sich eher in das, was sein wollte, als in das, was sein sollte. Sie konnte großartig mit Menschen umgehen, die Meinungen und Ratschläge brauchten, die in einer persönlichen Art und Weise gegeben wurden. Allmählich konnte sie mit anderen zusammen sein, ohne ihnen zu dienen. In ihrer Familie wurde jedes Familienmitglied, ihr Mann und ihre Kinder, eine getrennte Einheit, und jeder hatte eine besondere Beziehung der Intimität zu ihr.

Ihre mesomorphe-ektomorphe Mischung schloss nunmehr ihre sozialen und instinktiven Bedürfnisse ein. Das Arbeiten mit ihren somatischen Reaktionsmustern - indem die Kontraktionen abgebaut wurden, die sie zusammenpressten und die sie von ihrer eigenen inneren Erwachsenen trennten - weckte einen Puls in den Eingeweiden, der ein Bezugspunkt für ihre körperliche Präsenz mit anderen wurde. Indem sie ihre eigene innere Erwachsene unterstützte, organisierte sie jene Intimität, die ihr eine Grundlage für ihr somatisches Selbst gab.

Rebecca

Erstaunlich an Rebecca war, dass sie präsent sein konnte ohne jeglichen erkennbaren Ausdruck, außer einem entwaffnenden Ergebenheitslächeln. Ihre Wirbelsäule war steif, und ihr Nacken war in einer Haltung, die Würde und Selbstbeherrschung auszudrükken schien, die jedoch bei näherem Hinsehen lediglich ein Anspannen von Oberflächenmuskeln war. Die Funktion dieser somatischen Spannungen war es, sie zusammenzuhalten und ein Auslaufen oder eine Verschwinden in andere oder in ihre Umgebung hinein zu verhindern.

Rebecca war eine Endomorphe, birnenförmig, Becken und Unterleib hervortretend, mit engen Schultern und mit einem großen, mondförmigen Gesicht. Neben dem Ausdruck von jemandem, der sich zurückhält und nicht verfügbar scheint, nahm ihre runde, weiche Form einen jedoch allem Anschein nach freundlich auf. Rebecca sagte, sie wehre sich immer dagegen, ihren Begierden nachzugeben oder ihren Körper zu verlieren. Von ihr ging eine Einladung aus, zu ihr zu kommen.

Rebecca war vierzig Jahre alt und war niemals eine ernsthafte Beziehung zu einem Mann eingegangen. Den Männern, die es in ihrem Leben gab, warf sie Unreife vor. Ich sah ihren ungeformten Körper und fragte mich, ob sie ihre eigene Unreife auf andere projizierte. Ich äußerte die Ansicht, dass sie nicht wüsste, wie sie ihre Gefühle und ihr Erwachsenen-Selbst in sich halten könnte. Sie klagte darüber, dass Männer auf ihre Stürme von Begehren nicht reagierten. In der Tat verließ sie sie, sobald sie in ihr ein starkes Verlangen nach emotionalen oder körperlichen Reaktionen weckten. Rebecca sagte, sie wolle als etwas Besonderes behandelt werden, jedoch rief besondere Aufmerksamkeit Groll in ihr hervor und ließ ein unerwünschtes Abhängigkeitsgefühl entstehen. Sie sah nicht, dass ihre ausufernden Wünsche und ihre verführerische Haltung andere fortstießen.

Als wir die leiblich-emotionale Beziehung zu ihrer Ursprungsfamilie untersuchten, fanden wir, dass sie den Körper ihrer Mutter verabscheute und jeglichen Kontakt mit ihr vermied. Ironischerweise erlebte Rebecca sich selbst als Teil ihrer Mutter und als von ihr absorbiert. In unserer gemeinsamen Arbeit fanden wir auch heraus, dass Rebeccas Mutter ihrem eigenen Körper und seinen Bedürfnissen gegenüber Abneigung empfand. Rebecca spürte, dass ihre Mutter mit ihrer eigenen Struktur auf Kriegsfuß stand, die so ähnlich wie die Rebbecas war. Intuitiv verspürte sie der Mutter gegenüber ein Gefühl der Konkurrenz, wer von ihnen beiden die "Besonderste" sei. Die Mutter war auf Rebeccas jugendliche Vitalität neidisch und ihren Begierden gegenüber feindlich gesinnt.

Für Rebecca wurde klar, dass ihre Mutter sie als Vertraute für ihre eigenen negativen Gefühle in Bezug auf Rebeccas Vater und auf Männer generell benutzte. Das Interesse ihrer Mutter für sie bezog sich nicht nur auf den Versuch, aus ihr etwas zu machen, was sie selbst nicht sein konnte - eine Frau mit einem Beruf -, es bezog sich auch darauf, Rebecca als einen Behälter für ihre negativen Gefühle über ihren eigenen Körper zu gebrauchen.

Dies ist die Beschreibung einer Beziehung, in der die Fürsorge für jemanden stark ausgeprägt ist und in der das eigene Interesse mit der Sorge für das Wohlergehen des Kindes maskiert wird. Das Interesse der Mutter ist es, jeden von der Beziehung zwischen sich und ihrer Tochter auszuschließen, damit sie allein ihr Kind besitzen und es im Zustand einer ungeformten Frau halten kann. Und dies passierte in der Tat.

Dieses Aneinander-Gebunden-, Ineinander-Eingebettet-Sein, diese Verschmelzung des Leibes des einen Menschen mit dem eines anderen wie bei Rebecca und ihrer Mutter, verhindert Angst und zwar durch Vermeiden von Trennung. Dies ist Ausdruck einer nicht abgegrenzten, endomorphen Beziehung. Jegliches Getrennt-Sein war nur eine Illusion, nur die Pose einer praktizierten Unabhängigkeit. Das gegenseitige Einverleiben wurde Intimität genannt, aber sie schloss andere aus und bestand darin, dass zwei Menschen ein Leib waren.

Die Abhängigkeit zwischen beiden ist Missbrauch von Anteilnahme und Intimität. Rebeccas Bedürfnis, sich auszutauschen und eine Vertraute für ihre sich formende Erwachsene zu haben, wurde von ihrer Mutter missbraucht. Wenn Rebecca sich über ihre Vertraulichkeiten austauschte, benutzte ihre Mutter diese, um ein Gefühl davon aufrechtzuerhalten, dass sie ein Leib seien. Rebecca wurde dazu gebracht, in die Art von Frau hineinzuwachsen, die ihre Mutter war. Sie wurde dafür erzogen, mit ihrer Mutter "verheiratet" zu sein.

Der Verrat, unter dem Rebecca litt, liegt darin, dass ihr persönliches und instinkthaftes somatisches Selbst nie die Chance hatte, sich zu formen. Rebecca lebte wie eine Jungfrau: nicht verkörpert und ungeliebt, besessen von den selbstbezogenen Belangen und Interessen eines anderen.

Mit Hilfe einer Reihe von somatischen Übungen konnte Rebecca intensiv ihre ungeformte Struktur erfahren und das Ausmaß, in dem sie in ihre Mutter eingebettet war. Über die Erfahrung ihres eigenen Leibes deckte Rebecca auf, dass ihre Misserfolge mit Männern mit ihrer ungeformten Erwachsenen im Zusammenhang standen. Sie spürte auch, dass sie die stumme Bitte aussandte, Männer mögen sich wie ihre Mutter verhalten, das heißt, sie als besonders behandeln und zu einem Teil von sich machen.

Durch somatisch-emotionale Übungen konnte Rebecca ihre endomorphe Form stärken. Bewusst und mit willentlicher Einflussnahme fing sie an, für sich selbst ein Gefäß zu formen. In diesem inneren formativen Akt vereinte sie ihr Gehirn und ihren übrigen Körper. Sie mobilisierte ihre mesomorphe, selbstbehauptende Funktion. Sie begann eine Form in Situationen halten zu können, in denen sie vorher einen Kollaps erlebt hatte.

Mit dieser Praxis veränderte sie die Dynamik ihres Verhaltens in Beziehung zu ihrer Mutter und zu Männern. Ihre Haltung, präsent zu sein, gab ihr eine feste Verankerung in ihrem Körper. Sie gewann ein persönliches Selbst.

Indem sie die Fähigkeit formte, präsent zu sein, konnte sie erfahren, was es bedeutete, zu empfangen und zu geben. Sie begann sowohl zu lernen, aus ihrem somatischen Selbst heraus zu geben als auch den Leib eines anderen zu empfangen. Rebecca fing an, getrennt zu existieren und sich an Aktivitäten zu beteiligen, um mit anderen zusammen zu sein, ohne das unausgesprochene Verlangen, besonders zu sein. Indem sie die Fähigkeit formte, somatisch präsent zu sein, erwarb sie die Erfahrung dessen, was es bedeutet, zu empfangen und in einer verkörperten Realität zu leben.

Max

Max war ein handlungsorientierter Kämpfer, ein Herrscher, der als Held angesehen werden wollte. Jedoch besaß er eine ungeformte Seite, die seine Persönlichkeit beherrschte - ein impulsives, endomorphes Selbst, das ihm in der Liebe und im Arbeitsleben großen Kummer bereitete. Die somatische Struktur von Max - sie war aufgeschwollen und verdichtet - war das Ergebnis einer Dynamik, in der er als junger Mensch systematisch erniedrigt wurde, weil seine Eltern ihn nicht akzeptieren konnten. Diese Dynamik stellt eine Abweichung innerhalb der Stadien von Fürsorge oder Anteilnahme dar. Von seinem somatischer Charakter her war er unfähig, sein verkörpertes Selbst zu unterstützen und daher gezwungen, andere Menschen zu benutzen, um ein solches zu haben. In somatischer Terminologie ausgedrückt: Eine Borderline-Persönlichkeit schwankt zwischen zwei Identitäten: einerseits der instinkthaften, impulsiven und unbewussten Form, dem Selbst, das Anteilnahme braucht, sowie andererseits der Form, die danach drängt, unabhängig zu sein und einen eigenen Körper zu haben.

Während die neuen Psychologien des Selbstes den Borderline-Charakter und seine Objektbeziehungen genau beschreiben, vernachlässigen sie innerhalb des Prozesses der Formbildung eines Selbstes das Leben des Leibes. Sie können nicht sehen, dass der somatische Erwachsene durch die Art, in der er Liebe empfängt und Liebe gibt, geformt wird. Liebe als Fürsorge, als Anteilnahme, als gegenseitiger Austausch und als Zusammenarbeit sind somatische Prozesse, die das Bewusstsein eines Menschen und seine Beziehungen formen. Das bedeutet, der heranwachsende Mensch formt ein somatisch fühlendes Selbst, indem er eine verkörperte Bindung mit einem anderen Menschen und dieser eine Bindung mit ihm formt. Dies bildet den Kontext seiner Psyche. Der aufgeschwollene Mensch explodiert, und hierbei zerschlägt sein ungeformtes impulsives Selbst den verdichteten äußeren Erwachsenen.

Max war ein kleiner, bulliger Mann von dreiunddreißig Jahren. Er suchte meine Hilfe, weil er außer Kontrolle geriet, in mörderischen Wutanfällen und Fantasien. Diese Wutanfälle agierte er gegen seine Frau und gegen seine Tochter aus. Diese gleichsam schwarze Rage war in einer Reihe von Jahren eskaliert, und zwar nach einem Vorfall, in dem er verraten worden war. Er trank schwer und spürte, dass seine Beziehungen in Arbeit und Ehe immer schlechter wurden, und dass er mehr und mehr die Kontrolle verlor.

Max war untersetzt und äußerst lebhaft. Bei genauerer Betrachtung bemerkte ich, dass diese Lebendigkeit auf seinen Oberkörper beschränkt war: auf Mund, Arme und Hände, die ununterbrochen in Bewegung waren. Dieser verdichtete, kompakte Mann hatte tief sitzende Verspannungen in seinem Nacken und im Kiefer sowie Muskelverkrampfungen in seinen Augen, die sie hervortreten ließen. Sein Brustkorb war nach unten gezogen und zusammengedrückt und sein Unterleib eingesogen und nach oben gezogen. Er erschien vorsichtig und unverwundbar. Seine Atmung erinnerte an den Stoß eines kurzen Kolbens. Max war geschwätzig; er gab einen fortwährenden Strom ununterbrochener Klagen von sich, mit denen er die Aufmerksamkeit auf sich zog.

Ich schwang mit seiner Vitalität, der mächtigen Intensität seines Konflikts sowie der Aufrichtigkeit seines Ringens mit. Ich spürte, dass Max ein ungeformter Mensch war, jemand, dessen innere Form durch seine Vitalität und seine Intensität gestaltet werden konnte.

Maxens stämmiger Körperbau war das Ergebnis eines Bauarbeiterlebens voll harter Arbeit. Die Struktur von Max war in Wirklichkeit jedoch steif, unbeweglich, unflexibel. Er bewegte sich wie ein Panzer, vorwärts schießend, als ob er sich durch jemanden oder durch etwas hindurch pflügen wollte. Sein Losstürzen war ununterbrochen von Zeigegebärden begleitet, so als wollte er seine Aufrichtigkeit unterstreichen. Er bestand darauf, dass andere ihn ernst nahmen, denn er glaubte weder an sich noch an sie. Seine linkischen, fast unkoordinierten Bewegungen gingen einher mit einer nach innen gezogenen Muskelspannung, die seine Vorderseite verdickte und die seine verwundbare, nach vorn gerichtete Körperfläche panzerte. Sein Rücken war gerundet, ein halbkreisförmiger, sehr fester Verbund, so, als würde er sich selbst zusammenbinden. Ein verkürztes, ineinander geschobenes Kopf-Nacken-Segment erweckte den Anschein, als hätte er keinen Nacken oder als wäre er zusammengekauert. Er war zu einer einzigen festen Masse zusammengedrückt, ohne Nacken, Taille oder natürliche Körperräume, die eine Unterscheidung von Becken, Brustraum und Kopf sowie deren getrenntes Pulsieren erlaubten. Diese somatische Gestalt war eine kompakte emotionale Struktur, die Max vor seiner eigenen inneren ungeformten Erregung schützte und vor seinem verzweifelten Bedürfnis, dass jemand auf ihn antworten möge.

Max war ein impulsiver, von seinen Impulsen getriebener, verdichteter Charakter mit einem ungeformten Kern und mit selbsterhöhenden Stimmungsschwankungen. Er war - in meiner Sprache - verdichtet und aufgeschwollen, instabil, unterformt und grandios. Es fehlten ihm die somatischen Membranen, um sich in sich selbst halten und um Grenzen bilden zu können. Obwohl für Max als Kind gesorgt worden war - für sein leibliches Wohlergehen, für Essen, Kleidung und Schulunterricht -, fehlte es seiner Familie an Kooperation und Intimität. Max erlebte in seiner Familie frühe Abweisung, Verlassen-Werden und einen Mangel an Antwortreaktionen.

Max war voll wilder Verdächtigungen und paranoider Projektionen. Er konnte kaum sein eigenes Sicherheitsbedürfnis von dem Bedürfnis anderer, außerhalb von ihm zu bleiben, unterscheiden. Waren andere distanziert und zurückhaltend, fühlte Max sich zurückgewiesen. Er reagierte verwirrt und mit der dies begleitenden Frage: "Stimmt etwas nicht?" Er beobachtete jede Gebärde der Anderen, auf der Suche nach einem Zeichen der Billigung oder der Missbilligung. Sein Oberkörper, Nacken, Kopf und Augen standen unter Spannung, in einem Muster von Starren und Steifheit, das zu sagen schien: "Wirst du an mir interessiert sein, wirst du mich erniedrigen, wirst du mich ohne Antort lassen oder mir sagen, dass ich verrückt sei?"

Seine lebhafte Erregung war ein Schutz gegen seinen Mangel an Beweglichkeit und Ausdrucksfähigkeit. Die Erregung in seinem Oberkörper wirkte wie eine Fluchttür, wie ein Sicherheitsventil; er produzierte Nebelschwaden, um andere einzuhüllen, sie interessiert zu halten und ihre Aufmerksamkeit zu fixieren, während er versuchte, in sie einzudringen. Fühlte er sich zurückgewiesen oder missverstanden, dann konnte seine Erregungsflut von einem Moment zum anderen beleidigend oder gar gewalttätig werden.

Die äußere Haltung von Max war männlich, zäh, schlau, der Welt die Stirn bietend - ein unechter Mantel von Undurchdringlichkeit. In Wahrheit jedoch hielt ihn dieser eiserne Mantel zusammen, denn er war extrem empfindsam und schnell verletzt, weil seine Kontrolle über seinen Körper schwach ausgebildet war. Dies führte zu einem doppelten Problem: ein schwaches Körperbild und ein Gefühl unzureichender Selbst-Steuerung.

Für Max gehörten Intimität und Demütigung zusammen. Obwohl er sich danach sehnte, zu empfangen und gehalten zu werden, fürchtete er gleichzeitig Unterwerfung und Passivität. Der Grundkonflikt von Max bestand darin, entweder in sich selbst zu sein, zusammengezogen, zusammengedrückt und klein oder außerhalb seiner selbst, explosiv, aufgeschwollen und aufgeblasen. Diese Dynamik entsprach seinen Erfahrungen in der Kindheit: Wenn Max aus sich herauskam und nach jemandem ausgriff, fand er sich in einer Leere wieder und zog sich daraufhin gewaltsam zusammen. Es war so, als hätten seine Herzmuskeln sich verdickt, in einer arteriosklerotischen Verkrampfung, die sich unter dem Blutandrang verdichtet hatte. Diese Steifheit erzeugte einen fortwährenden Aufbau inneren Drucks, der regelmäßig in erregten, destruktiven Wutausbrüchen explodierte. Seine ständigen Ausbrüche ermöglichten es ihm, in andere Leute einzudringen, ihre Grenzen zu sprengen, in sie hineinzugehen und sie zu bewohnen. Da Max nicht in sich selbst leben konnte, beschuldigte er andere, ihn draußen zu halten und ihn zu betrügen.

Der Vater von Max verschwand, als er drei Jahre alt war, und kam wieder zurück, als er elf war. Seine Gefühle, zurückgewiesen zu werden, schrieb er der Geburt seiner Schwester zu; Max war damals vierzehn Monate alt. Sein Bedürfnis nach Kontakt und nach Antwortreaktionen wurde von den Forderungen des neuen Rivalen überschattet. Seine Wut war in Wirklichkeit eine Reaktion auf sein Bedürfnis nach Anteilnahme.

Ich spürte sein Ringen um Erwachsen-Sein und seine Versuche, anerkannt zu werden, die durch Gewalt, unangebrachte Selbstbehauptung und Selbst-Missbilligung maskiert wurden. In ihm verborgen war jedoch eine Großzügigkeit an Lebenskraft und sogar ein Drang nach Verstehen und nach Resonanz mit einem Anderen. Eindringlich verlangte er danach, sich auszutauschen und Antworten zu empfangen, und wenn dies geschah, dann "fühlte er sich ruhig".

Max' Bild von Frauen bestand darin, dass er sie für gut organisiert, mutig, munter und realitätsbezogen hielt. Lebten sie nicht nach diesen Idealbildern, wurde er wütend, um seine Furcht zu verbergen. Da er kein Gefühl dafür hatte, wie er sich über seinen eigenen weiblichen Erwachsenen mit anderen austauschen konnte, mied er Männer, da er sich bei ihnen klein fühlte.

Der Realitätssinn von Max war durch sein inneres Entflammtsein, durch seinen Anspruch, besonders zu sein, übersteigert. Diese Erregung projizierte er auf andere, um auf diese Art und Weise in ihnen zu sein. Er fühlte sich betrogen, wenn sie ihm dann nicht das Körpergefühl zurückgaben, das er brauchte: das einer sehr realistischen weiblichen Erwachsenen, aufgeschlossen und Anteil nehmend, und das eines annehmenden und nicht abweisenden männlichen Erwachsenen, den er bitten konnte, ihm Grenzen und Form zu liefern.

Obwohl Max sich exhibitionistisch benahm, fürchtete er Bloßstellung. Diese Furcht war in seinem verdichteten Rumpf verankert. Seine Unfähigkeit, sich auszudehnen, war das Ergebnis von Scham, ein Schutz vor Erniedrigung und vor der Angst, in der Welt allein und verlassen zu sein. Er brachte seine Pulsationen in Hals und Brust mit sehnsüchtigem Verlangen in Verbindung, und dies verstärkte sein Gefühl, nicht geliebt zu sein.

Die Verdichtung von Max war eine Verteidigung gegen Sehnsucht und Intimität und lag im Widerstreit mit seiner aufgeschwollenen Schicht, seiner ungeformten entzündeten Seite. Diese beiden Seiten von ihm waren manchmal dissoziiert und manchmal waren sie die Akteure in einem größeren Krieg zwischen Zurückhalten einerseits und Explodieren andererseits.

Eine verdichtete Struktur möchte sich verfestigen und gleichzeitig schrumpfen, um eine Expansion zu vermeiden. Dieser Mechanismus ist existenzverneinend. Verdichtete Typen sind fehlgeschlagene oder verkümmerte phallische Typen; sie blockieren das Fokussieren, Eindringen, Sein oder Handeln. Jegliche Erregung, die aus Verlangen, Gefühl und Gedanken entsteht, wird abgeschwächt. Sie haben eine Barrikaden-Mentalität. Verdichtete Typen spüren die Sehnsucht, frei zu sein und zu expandieren, jedoch bleiben sie klein, halten sich zurück und schwanken zwischen Isolation und Anhänglichkeit. Ihr Kontakt zu anderen ist weder eng noch sehr distanziert. Sie schließen sich selbst aus, und zwar aus Furcht. Gelegentlich starten sie einen Angriff, aber in der Regel explodieren sie, fallen dann zusammen und entschuldigen sich. Da sie nicht nach ihrem idealen Selbstbild von Leistung und Dominanz leben können, wird Ironie ihr Lebensstil und Pessimismus ihre Grundstimmung.

Eine aufgeschwollene Struktur wiederum ist ungeformt; statt geformter Pulsation ist sie eine peristaltische Flüssigkeit, die jede Form annimmt, die sie ausfüllt, - ein Chamäleon. Während verdichtete Typen struktur- und ritualfixiert sind, bleiben aufgeschwollene Typen keiner beständigen Form verpflichtet. Sie existieren nur, um in anderen zu sein und deren Form anzunehmen. Indem sie für wichtige Leute das sind, was gewünscht wird, haben sie weder eine feste Struktur noch einen Kern. Während verdichtete Typen überformt sind, sind aufgeschwollene Typen unterformt. Sie sind aufgebläht, entflammt. Dies gehört zu den grundlegenden Gegebenheiten der Projektion nach außen in andere, um verkörpert zu werden. Sie besetzen andere und bestehen darauf, dass sie die anderen sind. Diese Art, in der Welt zu sein pendelt zwischen Form-Leihen und keine Form zu haben, zwischen der Suche nach Verkörperung und der Unfähigkeit, seinen eigenen Körper zu formen, zwischen Leistung und Verleugnung, Einverleibung und Abweisung, Explosion und Depression. Der aufgeschwollene Typus muss sich andere einverleiben, um eine innere Form zu haben; hingegen hat der verdichtete Typus das Gefühl, dass man ihn verdrängt, ihn loswerden will. Auf diese

Weise entsteht ein mächtiger Widerspruch zwischen Hineinnehmen und Wegstoßen. Ich brachte das ungeformte Selbst von Max mit seiner endomorphen Eingeweide-Schicht in Verbindung. Sein inneres, gemeinschaftsorientiertes und begehrendes Selbst verleugnete er und hielt es verborgen. Der äußere mesomorphe Körper von Max und sein Krieger-Image lagen im Kampf mit seinen ungeformten Pulsationen der Eingeweideorgane.

In der Arbeit mit Max waren wir mit mehreren Problemen gleichzeitig konfrontiert: ihm zu helfen, dass er seine Impulse "managen" lernte; ihm zu helfen, seine Verdichtung weicher zu machen, und dies ohne dass er seine Grenzen aufgab und sich in Aktionen stürzte. Dabei vertrauten wir darauf, dass er durch diese Interaktionen ein erwachsenes Selbst aufbauen würde. Ich wollte, dass er ein verkörpertes Selbst hatte, und damit einen Grund. Ich wollte jedoch nicht sein Bedürfnis unterstützen, ständig Mittelpunkt der Aufmerksamkeit zu sein. Die Aufgabe bestand darin, seine tiefen Gefühle der Trauer und der Verzweiflung umzuformen sowie das bodenlose Gefühl einer schwarzen Zukunft, mit dem er rang. Das waren gewaltige Probleme.

Da die verdichtete mesomorphe Struktur von Max und sein ungeformter endomorpher Körper Verformungen in den Entwicklungsstadien von Liebe, nämlich in den Stadien von Anteilnahme und Austausch zeigte, war es wichtig für mich, ihn ganz gerecht zu behandeln, seine Individualität anzuerkennen, ihn aber nicht als besonders zu behandeln, ihm Grenzen zu setzen und ihn nicht zu erniedrigen oder zu beschämen, noch ihn klein oder zu groß zu machen. Mein Ziel war es, in Max ein Gefühl dafür zu entwickeln, wie er sich selbst managen konnte. Um ihn zu lehren, wie er seine motorischen Aktivitäten regulieren konnte, fing ich damit an, ihn seine Hand öffnen und schließen zu lassen und dabei zwischen einer offenen Hand, einer schlagbereiten flachen Hand, einer etwas umfassenden Hand und einer Faust zu unterscheiden. Mit Hilfe dieser Übung fing Max an, eine Verbindung zwischen kognitiver kortikaler Wachsamkeit, muskulärer Reflexbewegung und emotionalem Ausdruck aufzubauen. Als Nächstes musste ich Max helfen, seinen Drang zu schlagen oder zu prügeln zu hemmen. Durch Abbau eines Teils des Musters von Prügeln und Schlagen konnte er seine ungeformte Erregung und seinen Zorn tolerieren, organisieren und in sich halten. Dies ermöglichte ihm, andere Ausdrucksformen zu entwickeln, und es gab ihm ein erwachseneres Gefühl seiner selbst.

Ich führte ihn in eine Reihe von Übungen ein, in denen er einerseits seinen reduzierten Selbstausdruck erweitern und andererseits seinen übersteigerten Selbstausdruck innen halten konnte. Ich ließ Max den Aufbau und den Abbau emotionaler Ausdrucksmuster üben wie: mürrisch zu sein, zu weinen, sich zurückzuziehen. In all diesen somatischen Übungen war mein Augenmerk darauf gerichtet, Max beim Unterscheiden zwischen dem Organisieren einer erwachseneren Struktur und dem Desorganisieren der kindlichen Struktur zu helfen. Max begann, sich mit der Art seiner inneren Pulsation zu identifizieren: Er spürte, wo sie ungezügelt war und lernte, wie er ihre Intensität und das erzeugte Gefühl tolerieren konnte, ohne zu explodieren. Sobald er einmal seine innere Pulsation zu erkennen vermochte und von seinen inneren Zuständen und Gefühlen Besitz zu ergreifen begann, konnte er ein bisschen natürliche Selbststeuerung aufbauen. Danach erkannte er nach und nach, wie er seine Emotionen, seine Bedürfnisse und seine Verhaltensäußerungen verformte. Seine fixierten emotionalen Muster konnte er danach auflösen und angemessenere Äußerungen aufbauen.

Organismisch-emotionales motorisches Lernen ist die wesentliche Grundlage für somatisches Ego-Wachstum und für Identität. Das "Ich" formt eine erwachsene Identität durch seine Selbststeuerungsfunktion, indem es jene muskulären Ausdrucksbahnen handhabt, die dazu dienen, eigene Bedürfnisse zu erfüllen sowie ein soziales somatisches Selbst herauszubilden. In dem Maße, in dem Max mehr über Selbstorganisation und Selbststeuerung lernte, lernte er auch zu interagieren, ohne sich selbst als besonders hervorzuheben oder das Bestreben anderer herabzusetzen. Um eine erwachsene somatische Identität aufzubauen und sich zu seiner rechten Größe zu entwickeln, brauchte Max die somatisch-emotionalen Übungen: sich selbst in der Weise zu organisieren, dass er sich austauschen und kooperativ sein konnte. Mit diesen Mustern von Liebe hatte Max wenig Erfahrung.

Die einfache Übung, zu lernen, wie er sich kontrahierte, gab Max ein Handwerkszeug, um früheres unbewusstes Verhalten aufzulösen. Um Selbsterkenntnis zu erlernen, musste Max das Versteifen hemmen und den Drang spüren zuzuschlagen. Als Max lernte, seine muskulären Ausdrucksmuster zu organisieren und zu desorganisieren, wuchs seine Selbst-Wertschätzung und damit die Fähigkeit, für andere zu sorgen.

Sobald Max ein gewisses Gefühl dafür hatte, wie er seine Überschwänglichkeit in sich halten konnte, begannen wir damit, seine Impulsivität und seine Gefühle von Dringlichkeit zu bearbeiten. Ich bat ihn, die aufgebaute Spannung in seinem Hals zu verstärken, seinen Nacken und seine Schultern zusammenzuziehen. Drei Muster tauchten auf: zu schlagen, festzuhalten und sich anzuklammern. Ähnlich war es, wenn ich ihn seinen Brustkorb komprimieren ließ; er fing an, sich nach innen zu ziehen, und bewusst wurden ihm Gefühle der Einsamkeit, des Sehnens, von Kummer und von Wut, verbunden mit einem Hunger nach Kontakt. So viele Ängste stiegen auf, als er seinen Brustkorb weicher machte, dass er Herzbeklemmungen entwickelte. Er suchte einen Arzt auf, der aber keinerlei Erkrankung feststellen konnte. Seine Angst verstärkte sich, als er sich selbst gestattete, die Wahrhaftigkeit seiner zarten Brust zu spüren und die Weichheit der Lungenpulsation in der Berührung mit sich selbst und im Zusammensein mit anderen. Als seine Angst nachließ, entstand eine tiefer werdende Pulsation in seinem Becken und in den Beinen.

Ein bedeutsames Ereignis kam durch diese somatisch-emotionalen Übungen zum Vorschein. Max fühlte sich darin selbst als ein kleiner Fleck, als ein winzig kleiner Körper in einem großen leeren Körper. Er fühlte sich wie ein Embryo und in Gefahr, verlassen zu werden, ehe er sich einnisten konnte. Deshalb musste er seinen Brustkorb kompakt machen, nicht nur, um einen Schutzbehälter zu haben, damit er dieses kleine, ungeformte Selbst halten konnte, sondern auch, um sich selbst Wärme zu geben. Er verstand, dass dieses kleine, ungeformte Selbst im Kontakt wachsen musste, und dass die Antworten von anderen ihm Form geben konnten. Dies war ein wichtiger Wendepunkt im Prozess der Verkörperung seines Erwachsenen: sich mit seinen Gefühlen zu füllen und die richtige Größe zu formen. Max begann zu erkennen, dass seine Wut in Wirklichkeit Enttäuschung und Hilflosigkeit war, begründet in seinen früheren Bindungsversuchen und im Entsetzen, das er fühlte, wenn es keine Reaktion darauf gab.

Als Max sein kleines somatisches inneres Selbst expandieren ließ, fing er an, die Form seines Erwachsenen selbst bis in seinen Rumpf hinein zu vertiefen und zu intensivieren. Diese Fähigkeit, den Erregungsaufbau selbst managen zu können, gab Max ein gesteigertes Vertrauen in sein erwachsenes Selbst. Er begriff, dass seine eigene Pulsation ihn durchdrang, dass er sich selbst empfing und dass er sich hiervor nicht fürchten musste. Dies wurde das Muster des Gebens, es wurde dann verbunden mit der Liebe zu anderen, das heißt mit dem Sich-selbst-Geben.

Max erkannte seine Unzulänglichkeit, ein Arbeitsleben zu formen. Er kehrte daher in die Ausbildung zurück, um Kenntnisse im Handel zu erwerben. Dabei stellte er an der Schule starke Beziehungen zu anderen her und übernahm mehr Verantwortung für die Kontinuität dieser Beziehungen. Auch wurde er aktiv in Nachbarschafts- und Gemeinschaftsgruppen. Kurz gesagt, Max fing an, ein Leben zu gestalten, in dem er etwas gemeinsam mit anderen unternahm und begann, ein kooperatives Selbst herauszubilden.

Er ging den Weg von Narzissmus und Selbstzentriertheit zu Empathie und Identifikation mit anderen.

In dem Maße, in dem Max weniger kompakt wurde, trat seine Realitätsfunktion in den Vordergrund. Er konnte seine impulsiven Kontaktbedürfnisse dadurch im Gleichgewicht halten, dass er sich selbst mehr Form gab, und so die Realität der Forderungen anderer respektieren konnte.

Als Max seine Erfahrungen einkörpern und seine Erregung in sich halten konnte, formte er ein erwachsenes Selbst, verbunden mit tiefen Zellpulsationen. Diese Quelle der Erregung war mit der Vorfreude auf Kontakt verbunden. Er besaß eine Form, die es ihm ermöglichte, mit Erregung in der Welt zu sein, und seine wachsende Zärtlichkeit erlaubte direktere Antworten und Zukunftsträume. Seine erwachsene mesomorphe Antwort konnte jetzt unmittelbar erfolgen. Sie war eingebettet in eine Mischung aus Freude, Zärtlichkeit, Bestimmtheit und Festigkeit, die das Leben zu einem erregenden Geschehen der Formung seiner Gefühle, seines erwachsenen Mesomorph-Seins, seiner Handlungen und damit seines Selbstes machte. Als die Pulsationsmuster in ihm stärker und immer mehr Teil seines zarten empathischen Inneren wurden, fing sein endomorphes Selbst an, Beziehungen allein aus Freude an Geselligkeit zu knüpfen.

Als Max die endomorphen strömenden Eingeweidepulsationen seines inneren Körpers anzunehmen und sich damit zu identifizieren begann, akzeptierte er diesen Zustand, und er explodierte nicht mehr vor Wut, wenn andere nicht wie gewünscht reagierten. Diese Pulsation organisierte Empfindungsfelder, und er formte daraus Sinn und Bedeutung für sich. Max konnte jetzt mit seiner sich verändernden Gestalt arbeiten, mit seinem sich formenden älteren Erwachsenen. Der Drang nach sofortigen Reaktionen war aufgelöst, denn er brauchte nicht länger die Organisation eines jungen Mannes auf der Suche nach Zukunft. Er hatte begonnen, seine mesomorphe Reife zu formen.

Die mesomorphe Veranlagung von Max wurde sein "Lebenskrieger", er wurde ein das Leben Liebender, ein Verteidiger seiner endomorphen, eingeweidetiefen, empfindenden Pulsation, jemand, der Intimität mit Intensität verbinden konnte. Sein endomorphes Selbst, identifiziert mit seinen inneren Pulsationen, organisierte diesen liebenden inneren Erwachsenen, der mit seinem mesomorphen Krieger verheiratet war.

Als Max in die somatische Therapie kam, sah er Liebe als einen Anspruch an, der darin bestand, als besonders gesehen zu werden. Der Zweck war, seine Selbstzweifel abzuwehren. Indem Max mit anderen eine Beziehung durch Sich-Austauschen und durch Kooperieren herstellte, konnte er lernen, was es heißt, ein erwachsener Begleiter zu sein und diesem eine Form zu geben. Ich versuchte nicht, elterliche Beziehungen zu ihm herzustellen, noch ihm zu helfen, seine in der Kindheit verletzten Empfindungen zu überwinden. Vielmehr basierte unsere Beziehung auf dem Drang seiner erwachsenen Form hervorzutreten, seine Vergangenheit in sich zu halten und seine Gegenwart und Zukunft zu gestalten.

Max lernte, nach innen und nach außen zu pulsieren, zu geben und zu empfangen und sich so zu verkörpern, dass er mit einem anderen kooperieren konnte. Der Tanz zwischen Verdichtung und fester Form einerseits und Pulsation und flüssiger Form andererseits, - das waren die beiden Seiten von Liebe. Für jemanden sorgen und umsorgt werden, geben und empfangen, Anteil nehmen und Ziel von Anteilnahme und Austausch sein: Dies war die Erfahrung von Liebe.

Geben und Empfangen - Die immer währende somatische Liebesgeschichte

In diesem Buch haben wir vom Kind gesprochen und wie Verformungen von Liebe in der Beziehung des Kindes zu den Eltern beginnen. Allerdings ist es wichtig, sich zu vergegenwärtigen, dass wir die ganze Zeit in Wirklichkeit über den Erwachsenen gesprochen haben. Der Erwachsene in der Familie lehrt das ungeformte Kind das "Wie" in der Fürsorge, in der Anteilnahme, im Austausch, in der Intimität sowie im gemeinsamen Spiel und in gemeinsamer Arbeit. Der Erwachsene und das Kind kooperieren in einem Verkörperungsprozess der Formung eines Erwachsenen.

Ein Erwachsener zu werden ist ein angeborenes Verlangen, ein Imperativ, ein organisierendes Muster, das sowohl in Kindern als auch in Erwachsenen vorhanden ist. Dieses formative Leitthema mit seinen genetisch bedingten Phasen - jung, ausgewachsen und alternd - organisiert sowohl unser persönliches Leben als auch unser Familienleben. Aus dieser Organisation heraus kommt die Formung von Bedürfnis, Verlangen, Emotion, einschließlich der psychologischen, leiblichen Aspekte des erwachsenen somatischen Selbstes. Dies ist die Funktion von Fürsorge, Anteilnahme, Austausch, Intimität und Kooperation: Es handelt sich um Muster der Verkörperung des Gebens und Empfangens.

Geben und Empfangen sind ein erwachsener Prozess, und die Familie ist eine Organisation von Erwachsenen für Erwachsene. Dies ist die wesentliche Dynamik der vier Aspekte von Liebe. Das Kind lernt von den Erwachsenen, wie Fürsorge, Anteilnahme, Interesse, Intimität, Austausch und Kooperation gegeben und empfangen werden. Kinder lernen dies durch Beobachten, wie Erwachsene von sich selbst und von anderen Gebrauch machen durch Berühren, Ansehen, zusammen Atmen, dadurch, sich einander in die Augen zu schauen, durch Küssen, Sprechen, zusammen etwas zu tun, dadurch, dass sie Druck und Temperatur von Kontakt erfahren und kooperieren.

Dieses Geben und Empfangen unter Erwachsenen ist eine Geschichte, die wir unser Leben lang fortsetzen. Wenn es eine stagnierende Geschichte ist - ein Berühren, Erregen und Intimität fortwährend in derselben Körperhaltung -, dann werden wir verbraucht, gelangweilt, verkümmert. Wenn es jedoch eine sich bewegende, sich verändernde und wachsende Geschichte ist, dann werden wir wirklich lebendig.

Zu unserer Geschichte, wie wir lieben, wie wir den Gebrauch unseres Leibes in den vier Phasen der Liebe entwickeln, gehört auch die Aufgabe, die uns unser konstitutioneller Typus stellt. Wie wird auf unsere angeborene Art zu geben geantwortet: auf die Aktivität des Mesomorphen, auf das Gefühl und die Nähe des Endomorphen, auf die Informationsaufnahme und Aufmerksamkeit des Ektomorphen? Wenn Ektomorphe glauben, sie könnten Aufmerksamkeit nur aus der Distanz heraus und ohne Hautkontakt schenken, dann haben sie ein Problem. In gleicher Weise muss der Endomorphe wissen, dass Nähe als Anklammerung weder Kontakt noch Intimität ist. Der Mesomorphe lernt, dass Druck und Leistung keine Akte der Liebe sind - Zärtlichkeit jedoch ist es.

Sind die Großzügigkeit im Geben und die Anmut im Empfangen hinreichend erfüllt, so kann ein liebendes Selbst geformt werden, das nicht unterzukriegen ist. Wurden Großzügigkeit und

Vertrauen erfahren, können liebende Beziehungen geformt und mit anderen geteilt werden. Liebe wird als ein somatischer Prozess von Geben und Empfangen zu einer Lebensform, zu einem Lebensstil, einem Dialog zwischen persönlicher verkörperter Erfahrung und den Antworten der anderen. In diesem Dialog strecken wir unsere Hand aus, um unseren Leib und das, was uns gegeben ist, mit anderen auszutauschen und gleichzeitig das zu empfangen, was andere uns anbieten. In diesem Sinn ist Liebe ein pulsierendes und rhythmisches Geschehen. Sie ist ein Aus-Strecken und ein In-sich-Hineinnehmen, ein Heraus-Geben und ein In-sich-Sammeln und In-sich-Halten, dies alles mit unterschiedlichen Intensitäten in dem Maße, wie sie, die Liebe, anschwillt und abschwillt.

Liebe ist die Bereitschaft, den formativen Prozess zu leben und anderen dabei zu helfen, den ihren zu leben. Sie ist die Bereitschaft, mit Anteilnahme zu handeln, sich auszutauschen, Befriedigung zu geben und mit sich selbst und anderen verbunden zu sein. Sie ist ein Sich-Bewegen und Austauschen in den Prozessen unseres Lebens. Sie ist das Geben unserer biochemischen Fülle und das Austauschen unserer Erfahrungen der Fülle: das Expandieren und das Atmen neuer Möglichkeiten. Manchmal gehört es dazu, dass wir uns selbst verweigern, uns selbst zurückhalten und nicht austauschen, es anderen aber erlauben, sich selbst auszudrücken.

Wenn in einem Menschen Liebe aufblüht, teilt er deren Urkraft mit anderen Leben als ein Teil des großen Kontinuums der Existenz. Diese Sichtweise von Liebe und die Art, damit zu arbeiten, sind ein Versuch, die grundlegende Natur unseres Lebens und wer wir sind zu erkennen. Es ist ein Versuch, uns zu helfen, das konstitutionell Gegebene in eine persönliche Form einzukörpern. Mit unserem Leben arbeiten zu können, heißt Resonanzen zu bilden auf die Tiefe und Breite des Spektrums somatischer Gestalten, die im Fluss dieser Wirklichkeit enthalten sind. Wenn wir wissen, wie wir in der Welt präsent sind, wissen wir, wie wir in der Welt präsent sein können: wer wir sind, das Bild, das wir in uns tragen, und die Form, die unsere eigene ist, um in der Welt zu sein. Somatische Therapie sucht die Antworten auf diese Kernfragen und sucht darüber hinaus zu entdecken: den verkörperten Ausdruck von Liebe als einen universalen Prozess, als Fließen von Existenz.

Nachwort

Iréne Kummer und Carola Butscheid zu
Methodik, Konzept und Begriffen Stanley Kelemans

Stanley Keleman, geb. 1931, gehört ursprünglich zu den Pionieren der Humanistischen Psychologie. Doch nach diesen Anfängen entwickelte er in jahrzehntelanger Arbeit seine eigene Richtung, die er *Formative Psychologie* nennt. Keleman hat ein umfassendes Konzept und eine differenzierte Methodologie entwickelt, die durch viele Publikationen dokumentiert ist, die in viele Sprachen übersetzt wurden. Er hat sich als Forscher, Lehrer und Therapeut einen Namen gemacht. Sowohl in USA, Lateinamerika und Europa sind seine Lehre und Arbeit verbreitet.

Das vorliegende Buch "Formen der Liebe" stellt ein Kernstück aus Kelemans Forschungsarbeit dar, in dem es um die genetisch konstitutionell gegebenen Aspekte von Liebe und um die zum Wachstum des Kindes bis zum Erwachsenenalter notwendigen Stadien der Liebe geht, die von den Eltern her zu formen sind.

Im Folgenden soll kurz der konzeptuelle Hintergrund des Buches skizziert werden, der in anderen Publikationen dargelegt worden ist.

Stanley Kelemans Konzept und Methodologie sind in der Biologie verankert und integrieren die neuesten Erkenntnisse der Hirnforschung. Anatomie ist unser Schicksal in dem Sinne, dass sie nicht mechanistisch, sondern dynamisch verstanden wird als der Gestalt gebende und gestaltete Lebensprozess. Leben strebt danach, Formen zu bilden und umzugestalten, strebt zu Morphogenese und Metamorphose.

Diese formende Dynamik ist allem Lebendigen angeboren. Schon Goethe hat aufgrund seiner naturwissenschaftlichen Forschungen von der Entelechie gesprochen, davon, dass Lebewesen genetisch Plan und Ziel ihrer formenden Prozesse von Anbeginn in sich tagen. Die Möglichkeit und Chance des Menschen besteht jedoch darin, nicht nur durch diesen universellen Prozess geformt zu werden, nicht nur Gestalteter, sondern auch Gestaltender zu sein.

In der Rückkoppelung an die biologische Basis im weitesten Sinn bedeutet dies jedoch auch, zu werden, als wer jeder Mensch gemeint ist zu sein. Damit wird die biologische Basis zugleich erfüllt und transzendiert. Denn um die Person zu werden, die jemand gemeint ist zu sein, bedarf es willentlicher Einflussnahme auf den eigenen Formungsprozess. Nur durch willentlichen Einsatz kann dieses konstitutionell Gegebene sein Potential erfüllen, das darin besteht, ein persönliches Leben zu formen. Der somatisch-emotionale Gestaltungsprozess, in dem durch diese willentliche Teilnahme die individuelle Gestalt entsteht, hat als Basis also die genetisch vorgegebenen universellen und menschlichen Wachstumsinformationen und die individuelle Konstitution aus dem familiären Erbe. Die persönliche Form ist also die leibhafte Antwort auf genetische Anlage und einverleibte Erfahrung. Wie ein Kind sein In-der-Welt-Sein formt, ist sein somatisch-emotionaler Organisationsprozess. Er zeigt sich darin, wie jemand sich als Erwachsener auf sich selbst und andere bezieht, Partnerschaft, Elternschaft, Beruf und gesellschaftliches Leben organisiert, instinktives, gesellschaftliches und persönliches Selbst ausformt oder unterdrückt, Liebesstadien und Fürsorge, Anteilnahme, Austausch und Kooperation lebt und die Lebensphasen gestaltet. Auf dem Hintergrund des formativen Anliegens lässt sich der Unterschied zwischen 'vom Leben gelebt zu werden' und es schöpferisch zu leben und zu gestalten, zwischen Fatalismus und freier Wahl formulieren. Nicht reflexartige Verhaltensweisen oder äußere Einflüsse sind bestimmend, sondern willentliche Einflussnahme. Dies ist das Persönlichmachen von Verhaltensweisen.

Doch hier zeigt sich die zentrale Frage: *Wie* kann der eigene Gestaltungs- und Umgestaltungsprozess beeinflusst werden? Die formative Psychologie bietet eine Methode an, mit der jemand seinen eigenen Gestaltungsprozess mit willentlicher Einflussnahme - das heißt mit Hilfe des Cortex - beeinflussen kann. Die ‚Wie-Frage' und nicht das kausale ‚Warum' steht im Mittelpunkt. Es geht darum, wie ein Mensch sich einsetzt, um sein Verhalten zu formen, zu modifizieren und zu differenzieren. So bleibt die einmal verkörperte Gestalt nicht unabänderliches Schicksal, sondern der Hintergrund ständiger Metamorphose - die Chance für Wachstum.

"Die Wie-Übung ruft einen Dialog zwischen Gehirn und Körper hervor und schafft damit Beziehung zwischen den Puls- und Beweglichkeitsmustern des Körpers. Die Übung verschafft uns eine nicht an Sprache gebundene Erfahrung unseres organisierenden Prozesses und die Erfahrung der Vertrautheit der bekannten körperlichen Form, welche die auftauchende unbekannte Form empfängt." (S. Keleman)

Die Falldarstellungen von 'Formen der Liebe' zeigen auf diesem Hintergrund, wie auch die 'Muster der Liebe' und die aus ihnen entstehenden Einschränkungen beeinflusst und umgestaltet werden können. Leben ist immer Leben in Beziehung - mit sich selbst und mit anderen, ist ein intraorganismischer und interorganismischer Dialog. Das Herzstück von Beziehung fasst Keleman in die Formel: "Dasein ist Mit-Sein".

Bis jetzt wurde Kelemans Konzept inhaltlich erfasst. Doch jedes Konzept muss gleichzeitig sprachlich vermittelt werden. Die Schwierigkeit besteht darin, dass unsere europäischen, d.h. westlichen, Sprachen so beschaffen sind, dass sie vor allem die traditionellen Modelle ausdrücken können, die auf einem dualistischen und damit trennenden Verständnis lebendiger Prozesse beruhen. Hier ist Materie - dort Geist oder/und Seele. Daraus entsteht eine fundamentale Schwierigkeit für neue, vom traditionellen Trennungsmodell abweichende Entwürfe, da es für sie keine bereitstehenden Begriffe, keine vorgeformte sprachliche Gepflogenheit gibt. Ein neues Modell stößt deshalb nicht nur inhaltlich an Grenzen, die durch das Festhalten am Gegebenen bestimmt sind, sondern auch an sprachliche Grenzen. Für neue Entwürfe gibt es keine Sprache als bereitstehendes Gefäß, welches diese Inhalte aufnehmen könnte.

Nicht nur ein neuer Inhalt muss entworfen werden, sondern auch eine neue Sprache als Gefäß für einen neuen Inhalt. Deshalb hat Stanley Keleman seine ganze sprachschöpferische Kompetenz für den Prozess des *languaging*, wie er es nennt, eingesetzt. Er war sich stets der Schwierigkeit bewusst, dass die bestehende Sprache sein Konzept nicht ohne weiteres aufzunehmen vermochte. Aus diesem Grunde hat Keleman auch die neue Sprache innerhalb der bestehenden Sprache - am Rande ihrer Möglichkeiten - geschaffen, um sein Verständnis menschlicher Dynamik zu fassen. Das bedeutet, dass traditionelle Begriffe umdefiniert werden und eine neue Bedeutung erhalten und sprachschöpferisch in einen neuen und überraschenden Kontext gestellt werden. Keleman lotet alle Möglichkeiten der englischen Sprache - etwa mitschwingende Neben- und etymologische Grundbedeutungen oder Assoziationsfelder - aus und scheut nicht vor unüblichen Formulierungen zurück, um für seine Erkenntnisse ein adäquates Gefäß zu formen. Gerade deshalb bleibt jede Übersetzung neben allen üblichen Schwierigkeiten hier in besonderem Maße unzureichend. In allen Übersetzungen wurden neben Umschreibungen einzelne Begriffe aus dem Englischen direkt übernommen, andere wörtlich übersetzt, obwohl sie im Deutschen zum Teil eine etwas andere Färbung haben. Die Übersetzungen bewegen sich zwischen zwei Polen: Einerseits soll der sprachschöpferische Impuls des Englischen durchscheinen, auch wenn er im Deutschen befremdlich wirkt, anderseits wird versucht, die sprachschöpferische Leistung vom Deutschen her neu nachzubilden. So entstehen Übersetzungen, die einerseits transparent sind auf das englische Original hin, anderseits die deutschen Möglichkeiten der Neubildung auszuschöpfen versuchen.

Durch die bestehenden Übersetzungen soll deshalb auch gezeigt werden, dass das Ringen um eine adäquate Sprache im wissenschaftlichen Bereich ein ständig weiter gehender Prozess sein muss.

Einige Begriffe möchten wir im Zusammenhang mit der Übersetzung klären:

Den Prozess, in dem Menschen ihre somatisch-emotionalen Muster aufbauen und abbauen, nennt Keleman *organization (organizing)* und *disorganization (disorganizing)*, im Deutschen wiedergegeben durch 'Organisation - organisieren' und 'Desorganisation - desorganisieren', '*Auflösung - auflösen oder abbauen*'.

Der organisierende Prozess (*organizing process*) besteht darin, einzelne Elemente zu ordnen, ihnen eine zusammenhängende Struktur zu geben, sie in einer bestimmten Weise anzuordnen und aufeinander zu beziehen, so dass sie ein wirksames Ganzes bilden.

Der deutsche Begriff 'Form' steht für die beiden Wörter *shape* und *form*. Wir dürfen jedoch 'Form' nicht in statischem Sinn verstehen, denn 'Form' ist '*verlangsamte Bewegung*' (Keleman 1980). Sie ist eine fortwährende, erregbare, pulsatorische Aktivität, die als Gefühl in Erscheinung tritt.

"Form ist die Beziehung zwischen Stoffwechselaktivitäten - Gefühl, Instinkt, Verlangen, Impuls - und Handlung. Leibhafte Form ist das Gefäß für Gefühl, Zellstoffwechsel (innen) und Handlung (außen)." (Sh. in diesem Buch S. 71).

Ein weiterer, schwer zu übersetzender Begriff ist '*to use yourself*', wiedergegeben als '*sich selbst einsetzen*' oder '*gebrauchen*'. Gemeint ist damit die angeborene, ererbte und erworbene Fähigkeit unseres Organismus, sich selbst zur ordnen (organize), sowohl auf der willentlichen Ebene als auch auf derjenigen unwillkürlicher Reflexe. '*How to use yourself?*' ist deshalb die zentrale Frage, die den organisierenden und selbstregulierenden Prozess leitet.

Uns selbst Gestalt geben, unser In-der-Welt-Sein formen hängt eng mit einem weiteren Begriff zusammen, den Keleman '*container*' nennt, übersetzt als '*Behälter*' oder '*Gefäß*'. Wir lernen, dieses Gefäß zu bilden, um uns selbst, unser 'Innen' oder unsere 'innere Welt' in einem organismischen Sinn halten und enthalten zu können. Dann ist es möglich, uns nach außen mitzuteilen, in Erscheinung zu treten, und nach innen zurückzukehren, Grenzen zu bilden, zu verdichten und wieder durchlässig zu machen.

Die "Stadien der Liebe" (*stages of love*) wurden folgendermaßen übersetzt:
care for: Fürsorge
care about: Anteilnahme
sharing/intimacy: Austausch/Intimität
cooperation: Kooperation

Im Übrigen wurde die Terminologie der vorangehenden Übersetzungen beibehalten, so etwa für die Somatypen:
collapsed/porous: kollabiert/porös
swollen: aufgeschwollen
dense: verdichtet
rigid: rigid

Wir haben uns um eine durch alle Übersetzungen durchgehende Kohärenz bemüht, was die zentralen Begriffe angeht.

Veröffentlichungen von Stanley Keleman

a) Deutsche Übersetzungen der Bücher von Stanley Keleman
- Lebe Dein Sterben. Isko-Press. 4. Aufl. Salzhausen 1995
- Dein Körper formt dein Selbst. Der bioenergetische Weg zu emotionaler und sexueller Befriedigung. Kösel, München 1980 (Your body speaks its mind) (vergriffen)
- Leibhaftes Leben. Wie wir uns über den Körper wahrnehmen und gestalten können. Kösel. München 1982 (Somatic reality) (vergriffen)
- Körperlicher Dialog in der therapeutischen Beziehung. Kösel, München 1990 (Bonding)
- Verkörperte Gefühle. Der anatomische Ursprung unserer Erfahrungen und Einstellungen. Kösel, München 1992 (Emotional anatomy).
- Forme Dein Selbst. Wie wir Erfahrungen verkörpern und umgestalten. Ein Übungsbuch. Kösel, München 1994 (embodying experience)
- Formen der Liebe. Ulrich Leutner Verlag, Berlin 2002

b) Die englischen Bücher von Stanley Keleman:
- Living your dying ($ 10.95)
- Your body speaks its mind. New York 1975 ($ 12.95)
- Somatic reality. Center press, Berkeley 1979 ($ 10.95)
- The human ground. Sexuality, self and survival. Science and behavior books, Palo Alto 1975 (1. Ausg. 1972) ($ 10.95)
- In defense of heterosexuality. Center Press, Berkeley 1982 (vergriffen)

Kontakte und Informationen

Das von Stanley Keleman geleitete 'Center for Energetic Studies' in Berkeley wird von Stanley Keleman geleitet und bietet Kurse, Vorlesungen und Workshops in formativer Psychologie an. Informationen über Veranstaltungen erhalten Sie für die USA über Stanley Kelemans eigenes Zentrum:

Center for Energetic Studies
2045 Francisco Street
Berkeley, California 94709
USA
Tel. 001 - 510 - 845 83 73
Fax: 001 - 510 - 841 38 84
e-mail: center@centerpress.com

Informationen zu Veranstaltungen in Europa:
Carola Butscheid
Wilhelmstraße 29
D-42697 Solingen
Tel. 0049 - 212 - 32 06 84
Fax 0049 - 212 - 233 53 43
e-mail: carola.butscheid@gmx.de

Ulrich Leutner Verlag

Stanley Keleman
Formen des Leids
Emotionale Verletzungen und ihre somatischen Muster

„Wenn ein Therapeut in den somatisch-emotionalen Prozess einer Person eingreift, trifft er auf mehr als die Ideen, welche die Person über sich selbst und ihren üblichen Gefühlszustand hat. Er beginnt darüber hinaus die verkörperte Geschichte der Person zu entdekken."
Stanley Keleman

Dieses Buch untersucht die Art und Weise, wie jemand von innen heraus auf Herausforderungen und Verletzungen durch Schock, Trauma, Missbrauch und Vernachlässigung reagiert. Es zeigt auf, wie diese vergangenen und gegenwärtigen schmerzhaften Gefühle und Erfahrungen eingekörpert werden. Diese Erfahrungen bringen eine Veränderung in Form, Haltung und Aktivität mit sich, und sie verändern die innere und äußere Wahrnehmung . Für Keleman ist der Körper ein Prozess - ein lebendiger, subjektiver Prozess - eine Kette von Erfahrungen, die sich über über die Zeit in körperlicher Form manifestiert. Er nennt dies „den formativen Prozess".
Er zeigt, wie sich diese durch Verletzungen geformten Reaktionsmuster durch seine therapeutische Arbeit neu gestalten lassen.
Ein grundlegender Beitrag zur Traumatherapie
128 Seiten, ISBN 978-3-934391-27-7, Euro 12,50/sFr 22,00

Ulrich Leutner Verlag

Thomas Harms (Hrsg.)
Auf die Welt gekommen
Die neuen Baby-Therapien

Wie können wir Säuglinge therapeutisch unterstützen, die Folgen von prä- und perinatalen Traumatisierungen zu überwinden? Welche therapeutischen Methoden sind für Babys geeignet, damit sie sich wieder der Welt öffnen, von der sie sich aufgrund von schmerzvollen und bedrohenden Erfahrungen frühzeitig abgewandt haben?
Erstmals werden in diesem Buch von Ärzten, Psychotherapeuten und Hebammen aus fünf Nationen neue Ansätze einer ganzheitlichen Säuglingstherapie vorgestellt. Die Sammlung im Buch präsentiert Verfahren und Forscher, die den Körper als das zentrale Medium in der therapeutischen Arbeit mit Säuglingen und Eltern betrachten.
Vor dem Hintergrund der Erkenntnisse der modernen Säuglingsforschung und Prä- und Perinatalen Psychologie diskutieren die verschiedenen Therapeuten und Forscher ihre Behandlungsmethoden, entwickeln neue Konzepte über die prägende Wirkung früher Traumatisierungen in Schwangerschaft, Geburt und der ersten Zeit nach der Entbindung.
Mit Beiträgen von Heiner Biedermann, Ray Castellino, David Chamberlain, Heidrun Claußen, Mechthild Deyringer, Paula Diederichs, William Emerson, Dorothea Fuckert, Brigitte Hannig, Thomas Harms, Margarita Klein, Claudia Köhler, Joelle-Aimée Kubisch, Rudolf Merkel, Franz Renggli, Aletha Solter, Silja Wendelstadt.
Broschur, 490 S., ill., ISBN 978-3-934391-07-9, Euro (D) 19,95, sFr 35,20

Ulrich Leutner Verlag

Dr. med. Heike Buhl und Jürgen Fischer
ENERGIE!
Heilung und Selbstheilung mit Lebensenergie
Orgon in der medizinischen Praxis und zu Hause
Ein Kompendium

Dr. Heike S. Buhl und Jürgen Fischer stellen in diesem Buch die praktischen Aspekte der reichianischen Orgonomie vor. Die Lebensenergie ORGON kann mit diesem Wissen von jedem interessierten Laien und natürlich auch von jedem Arzt und Heilpraktiker sofort eingesetzt werden. Es gibt eine Fülle von einfachen Möglichkeiten der energetischen Hilfe und Selbsthilfe. Diese schnell erlernbaren Methoden werden praktisch nachvollziehbar gemacht.
205 Seiten, ISBN: 978-3-934391-39-0, 16,50 Euro

Heiko Lassek
Orgontherapie
Ein Handbuch der Lebensenergie-Medizin
Heiko Lassek arbeitet seit mehr als zwei Jahrzehnten als Arzt mit den energiemedizinischen Techniken, die der Psychoanalytiker und Mediziner Wilhelm Reich (1897 - 1957) entwickelt hat. In diesem übersichtlichen Grundlagenwerk hat Lassek seine Forschungsergebnisse und Erfahrungen mit der Reichschen Orgontherapie zusammengefasst. Heiko Lassek vermittelt in diesem Handbuch das Grundverständnis für die Medizin der Lebensenergie - auch für Laien verständlich. In ergreifender Weise berichtet er von seiner Arbeit mit kranken Menschen und veranschaulicht die Möglichkeiten, aber auch die Grenzen dieser Methode.
220 Seiten, illustriert, ISBN 987-3-934391-23-9, Euro 18,00